KB265374

긍정적인 거짓말

콜드리딩

마음을 열어주는 심리 대화의 기술

긍정적인 거짓말

콜드리딩

이시이 히로유키 지음 | 홍성민 옮김 | 오금택 그림

시공사

옮긴이 홍성민

성균관대학교 섬유공학과를 졸업한 뒤 일본 교토 국제외국어센터에서 일본어과를 수료했다.
주요 번역서로는 〈사람이 따르는 말 사람이 떠나는 말〉〈프로팀장의 대화기술〉〈세계명화의 수수께끼〉
〈별의 상인〉〈마음을 움직이는 최면 커뮤니케이션〉〈식원성 증후군〉〈버릴 줄 아는 사람이 크게 얻는다〉
〈뇌력사전〉 등이 있다.

그린이 오금택

〈주간 동아〉에서 「시사 만화경」 연재. 그린 책으로 〈공병호의 콜릿〉과 〈굿바이 미스터 솔로몬〉이 있다.
작가 홈페이지 www.wowtoon.com

2006년 8월 30일 초판 1쇄 발행
2012년 11월 28일 초판 9쇄 발행

지은이 | 이시이 히로유키
옮긴이 | 홍성민
그린이 | 오금택
발행인 | 전재국

본부장 | 이광자
단행본개발실장 | 박지원
책임편집 | 이효원
마케팅실장 | 정유한
책임마케팅 | 정남익 김진학 임형준 황기철
제작 | 정웅래 박순이

발행처 (주)시공사
출판등록 1989년 5월 10일(제3-248호)

주소 | 서울 서초구 사임당로 82(우편번호 137-879)
전화 | 편집 (02)2046-2853 · 영업 (02)2046-2800
팩스 | 편집 (02)585-1755 · 영업 (02)588-0835
홈페이지 | www.sigongsa.com

ISBN 978-89-527-4693-1 13320

세상과 소통하는 열정의 대화법을 아십니까?

"최면하면 생각나는 단어가 뭐죠?"

이렇게 물으면 프로이트나 칼 융을 떠올리는 사람들보다는 아마도 많은 사람들이 '레드선!' 하고 대답할지 모른다. 모 개그 프로에서처럼 '레드선!' 하나로 주위 사람들을 자신의 의도대로 쥐락펴락할 수 있다면 얼마나 좋을까? 그런데 굳이 최면을 걸지 않고도 그것을 가능하게 하는 테크닉이 있다. 저자는 이것만 있으면 인생의 성공자로 거듭날 수 있다고 말한다. 바로 일본의 심리치료사 이시이 히로유키가 공개하는 금단의 커뮤니케이션 테크닉, 콜드리딩이 그것이다.

이시이 히로유키는 일본에서 '카리스마 테라피스트'로 통하는 유명한 최면요법가다. 텔레비전 출연을 비롯해 강연, 세미나, 저술활동 등 여러 영역에서 활동하는 실력파 심리치료사인 그는 인간관계에서 커뮤니케이션을 중요시할 뿐만 아니라 동시에 '인간미'를 강조한다.

"상대에게 무언가를 전하려 할 때 글이나 말만으로는 불가능합니다. 오직 열의만이 그것을 전파할 수 있습니다."

아무리 세상이 발달해도, 사람은 서로 교류하며 살 수밖에 없다. 그렇기 때문에 일상에서의 인간관계는 매우 중요하다. 마음이 담겨 있지 않은 말로는 상대에게 자신의 생각을 전달할 수 없으며, 내 편으로 만들 수 없다. 그래서 그의 콜드리딩은 상대를 행복하게 만들어주는 기술이라 할 수 있다. 이것이 그의 심리치료의 핵심을 이루는 개념이다. 실제로 그는 콜드리딩에 대해서 다음과 같이 말한다.

"콜드리딩은 한마디로 '상대를 행복하게 만들어주는 기술' 입니다. '에이, 고작 그런 거야?' 하고 생각할 수도 있을 겁니다. 하지만 지금 같은 시대에 상대를 기분 좋게 만들어줄 수 있다는 것은 비즈니스와 모든 인간관계에서 최대의 무기라고 나는 생각합니다."

나는 이 책을 우리말로 옮기며 콜드리딩의 기법이 일상 곳곳에서 광고나 상술의 형태로 우리의 온갖 이해관계 속에 교묘히 녹아들어가 있음을 깨달았다. 하지만 책을 읽어가며 '정말 이렇게 간단한 테크닉에

 긍정적인 거짓말 콜드리딩

사람들이 속아 넘어갈까?' 하는 의구심도 지울 수 없었다. 하지만 번역을 마무리할 때쯤에는 우리가 얼마나 서로를 믿고 싶어하는지, 또 사회가 각박해지고 의심이 깊어질수록 상대를 전적으로 믿고 싶어하는 마음도 얼마나 커져가고 있는지 깨달을 수 있었다. 사람들은 바로 저자가 말하는 '소통의 열정'에 목말라하고 있었던 것이다.

번역을 마치고 나는 들끓는 호기심을 억누를 길이 없어 강남의 유명한 타로카페촌을 찾았다. 생면부지의 사람과 마주하고 앉아서 과연 나는 어떤 대화를 나눌 수 있을까? 이 사람(콜드리더)은 과연 나를 얼마나 정확하게 읽어낼 수 있을까? 나는 북적이는 카페 골목에서 기다리고 있다가 가장 허름하게 보이는 천막을 들추고 들어가 앉았다. 그런데 이상할 정도로 차분해졌다.

"무얼 알고 싶으신가요?"

환한 미소를 지으며 나를 맞이하는 콜드리더(나보다도 젊은 아가씨 였다)를 보며 나는 순간 모든 걸 털어놓고 싶은 충동을 느꼈다.

'정신 차려! 나는 인터뷰를 하러 온 거지, 점을 보러 온 게 아니잖아?'

"제가 어떤 걸 물어야 하나요?"

묻고 싶은 게 빗방울처럼 많았지만, 나는 오히려 그녀에게 질문하 며 우위를 빼앗기지 않으려 노력했다. 콜드리더는 약간 황당한 표정을 짓더니 이내 미소를 되찾았다.

"저기 써놓은 거 보이시죠. 진로, 연애, 직장문제…… 구체적이면 구체적일수록 좋아요. 지금 이곳으로 들어오게 만든 바로 그 고민이라 면 가장 좋고요."

나는 메뉴판처럼 벽 한 면에 써붙여 놓은 상담 리스트를 살폈다. 이 곳으로 나를 이끈 것이라……. 나는 솔직해지기로 했다.

"방금 어떤 작업 하나를 마쳤어요. 그 결과물이 이제 곧 나오는데 잘될지 궁금해요."

그렇게 해서 나는 그녀가 보는 앞에서 일곱 장의 카드를 무작위로

뽑았다. 거기에 더해 그녀가 두 장의 카드를 더 뽑았다. 카드를 뒤집은 그녀는 곧바로 인상을 찌푸렸다.

"어쩌죠? 이 두 카드는 욕심을 뜻해요. 하지만 욕심만 줄이신다면 크게 걱정할 필요는 없어요. 뒤에 두 카드는 느리지만 꾸준한 발전을 말해주고 있거든요. 기대치를 조금 낮추시고 욕심만 줄인다면 좋은 결과가 있을 거예요."

나는 이번 작업의 결과가 잘되었으면 하고 내심 기대하고 있던 터라 가슴이 뜨끔해지지 않을 수 없었다. 나에게서 어떤 조급증이나 불안감을 읽은 건 아닐까? 하지만 그녀는 콜드리더들의 일반적인 기술, 다시 말해 질문과 대화를 통해 원하는 정보를 취하는 방식을 거의 사용하지 않았다.

나는 솔직히 내 신분을 밝히고 그녀에게 인터뷰를 요청하고 콜드리딩에 대해 자세히 설명했다. 그녀는 '콜드리딩'이라는 게 있다는 것조차 몰랐다고 말했다. 만약 그런 책이 나온다면 가장 먼저 보고 싶다고 했다. 나는 혹시 점괘를 말할 때, 타로카드가 아니라 내 첫인상에서 어떤 단서를 얻고 거기서부터 유추해서 설명하지 않았느냐고 물었다. 그녀는 오히려 자신은 미디엄(매개체, 여기서는 타로카드)만 냉정히 읽지 주관적인 견해를 반영하지 않는다고 말했다. 나는 맥이 빠졌다. 이 사람은 숙련된 콜드리더가 아니다. 처음 만나는 수많은 사람들이 앉을 때마다 항상 그러냐고 다시 물었다. 그러자 그제서야 그녀도 한숨을 쉬며 솔직히 말했다.

"솔직히 늘 평정을 유지할 수는 없죠. 첫인상이나 대화를 통해 얻은 정보(내용뿐만 아니라 음색이나 톤까지)를 통해 주관적인 견해가 개입되기도 해요. 게다가 콜드리딩인지는 모르겠지만 지금 말씀해주신 것처럼 카드를 읽을 때는 준비된 미묘한 말들이 있어요."

그녀가 말하는 것은 콜드리딩의 기본 테크닉 가운데 하나인 스톡 스필이나 서틀 프리딕션에 해당하는 것들이었다. 나는 실제로 처음 만나는 사람을 읽고 점을 치는 사람들이 자신도 모르는 채 콜드리딩의 기법을 어느 정도 사용하고 있다는 것을 확인했다.

심지어 소개팅이나 입사 면접과 같이 낯선 사람을 처음 만나는 자

리에서도 우리는 자신도 모르게 콜드리더가 되어 상대를 읽거나 상대로부터 리딩을 당하게 된다. 나는 카페를 나오며 앞으로 인생에서 만나게 될 수많은 '콜드리더'들을 상대로 내가 잘해나갈 수 있겠다는 자신감을 얻었다. 어차피 우리는 서로가 서로를 읽는 콜드리더들이다. 단순히 몇 가지 테크닉을 통해서 상대의 신뢰를 얻는다는 것은 불가능한 일이다. 다만, 콜드리딩의 테크닉을 몰랐기 때문에 상대에 대한 믿음을 맹목적으로 정하게 된다면 이건 중요하고도 무서운 일이다. 저자 역시 그런 선의의 피해자를 막기 위해 이 책을 쓰게 되었다고 말한다. 우리는 믿고 싶은 걸 믿는다. 그래서 정말 믿고 싶은 말을 해주면 설사 그것이 사실이 아니라도 믿고 마는 것이다. 콜드리딩의 테크닉은 인간의 그런 취약한 심리를 정확히 보여준다. 카페를 나오는 내게 그녀는 책이 나오면 자신도 꼭 사서 보겠다고 활짝 웃으며 말했다. 책이 나오면 그녀는 좀더 훌륭한 콜드리더가 되어 있을 것이다.

인간관계에서 가장 어려운 점은 상대의 신뢰를 얻는 데 있다. 하지만 콜드리딩의 테크닉을 사용하면 첫인상 단계부터 신뢰를 얻을 수 있다. 또 그런 믿음은 잠재의식 수준에서 형성되기 때문에 쉽사리 깨지거나 하지 않는다.

한 번뿐인 인생, 더 이상 방관자로 있을 수는 없다. 카리스마 최면요법가 이시이 히로유키가 공개하는 콜드리딩의 테크닉으로 세상과 부딪혀 읽고 읽히며 자신 있게 살아가자!

2006년 여름

홍성민

| CONTENTS |

3 누구나 사용할 수 있는 콜드리딩 테크닉

뭐든지 믿게 만드는 금단의 테크닉 최초 공개

입도 벙긋하지 않았는데 처음 만난 사람이 대뜸 다음과 같은 것을 알아맞힌다면 당신의 기분은 어떨까?

당신의 이름, 일하는 회사, 애인이나 친구, 방에 있는 물건, 기르고 있는 애완동물, 미래…….

두렵기도 하고 한편으로는 강한 호기심이 생길 것이다. '이 사람이 어떻게 그걸 알았을까? 원래 나를 알고 있었나? 나에게서 무얼 읽은 것일까?' 호기심은 자연스럽게 상대에 대한 관심으로 옮겨간다. 이때 두 사람 사이에서는 자연스럽게 라포르rapport가 형성된다. 라포르는 신뢰관계 또는 '잠재의식 수준의 동조'를 뜻한다. 상대에게 동조하려면 우선 상대를 잘 알아야 한다. 그런데 생면부지의 사람을 어떻게 잘 알 수 있단 말인가? 그런데 처음 보는 사람의 마음을 바로 읽을 수 있는 테크닉이 있다면 당신은 당연히 그 기법에 대해 알고 싶을 것이다. 그와 같은 테크닉이 과연 있을까? 하지만 알고 보면 사실 이것은 누구나 쓸 수 있는 테크닉이다.

점쟁이가 이런 것들을 줄줄이 알아맞히면 당신은 그 점쟁이를 믿게 될 것이다. 어쩌면 당신은 믿기 위해서, 적극적으로 당신의 문제에 동조해 줄 누군가가 필요해서 점쟁이를 찾은 건지도 모른다. 만약 당신이 정신적으로 약한 사람이라면 거리에서 만난 누군가의 손에 이끌려 사이비 점술이나 신흥종교에 빠져들 수도 있다. 그러나 점술이라는 특수한 상황이 아니라 일상생활에서 이 테크닉을 알고 적극적으로 활용할 수 있게 된다면 당신의 인생은 극적으로 바뀔 것이다. 이 책에서 소개하는 테크닉을 사용하면 주위의 절대적인 신임을 얻을 수 있기 때문이다. 그렇게 되면 당신의 인생은 다음과 같이 바뀔 것이다.

- 애인이나 친지들과의 사이가 좋아지기 시작한다.

- 주위로부터 신임을 얻어 일과 인간관계가 잘 풀린다.

- 처음 만나는 사람과도 자연스럽게 의사소통하게 되어 인맥이 넓어진다.

- 어떤 상황에서도 상대의 요구를 알아챌 준비가 되어 있기 때문에 상대에게 호감을 준다.

- 신뢰를 받고 있기 때문에 자기 뜻대로 주위를 움직일 수 있다.

- 직장을 옮길 때나 취직할 때의 면접에서도 긍정적인 반응을 얻을 수 있다.

이 책에서는 지금까지 공개되지 않았던 금단의 영역, '콜드리딩'을 소개한다. 콜드리딩은 지금껏 일반인에게는 공개된 적이 없는 비공식적인 커뮤니케이션 테크닉이다. 오랫동안 공개하지 않은 이 테마를 밝히기로 결심한 데는 나름의 이유가 있다.

콜드리딩에 대한 책을 출판하는 것에 대해서 나는 오랫동안 망설였다. 아무리 신중하게 전달하려고 해도 저자의 의도를 왜곡해서 받아들이는 독자가 반드시 있기 때문이다. 그런 사람은 '잠재의식의 전문가라면서 하필이면 사기와 같은 테크닉을 가르치다니 용서할 수 없어.' 또는 '이 저자의 세미나에 참가하면 사람을 속이는 기술을 가르쳐주는 모양이군.' 하며 제멋대로 오해하고 단정지어 버릴 것이다. 심리 테라피스트인 나에게 그런 오해는 치명적인 리스크이다.

그런데 어느 날 그런 생각이 바뀌었다. 취직 문제 때문에 우울증에 시달려 심리 상담을 받으러 온 고객 한 명이 악덕 상술에 넘어가 별것 아닌 자격증을 취득하게 해준다는 말에 속아 교재 구입에 수백만 엔이나 되는 돈을 쏟아 부었기 때문이다. 일자리도 없이 집 안에만 있던 그녀에게 그 돈은 자신의 전부나 다름없었다. 그녀는 그 일로 삶의 의욕을 상실할 만큼 큰 충격을 받았다. 그 일은 나에게도 충격이었다. 그녀의 이야기를 자세히 들을수록 그 사기 테크닉은 영락없는 콜드리딩이었다. 나의 충격은 더 커질 수밖에 없었다.

콜드리딩의 기술을 자유자재로 사용할 수 있으면 어떤 것이든 사람을 믿게 만들 수 있다. 아마 당신은 '그래도 나는 절대 속지 않아.' 하고 생각할지도 모른다. 하지만 숙련된 콜드리더의 손에 걸리면 당신의 그 '절대 속지 않는다.'는 의지조차도 역이용 당하게 된다.

악의 있는 콜드리딩을 하지 못하도록 막는 방법은 오직 한 가지뿐이다. 그것은 바로 콜드리더의 속셈을 정확히 아는 것이다. 모르면 누구든 속아 넘어갈 가능성이 있다.

만약 그녀가 콜드리딩을 알고 있었다면 힘들게 모아온 돈을 잃지 않았을 것이다. 버젓이 드러낼 수 없는 어둠의 커뮤니케이션 기술의 테크닉을 몰랐기 때문에 불행에 빠지는 사람들이 늘어나고 있다.

그런데 그와 같은 현실이 바로 내 눈앞에서 벌어진 것이다. 나는 이 일을 계기로 복잡한 콜드리딩의 테크닉을 되도록이면 많은 사람에게 쉬운 방법으로 알려야겠다고 생각했다. 하지만 그런 동기만으로 콜드리딩을 공개했다간 쓸데없이 독자의 불안을 부채질하는 꼴이 될 수도 있었다.

　사실, 콜드리딩에는 정말 중요한 또 하나의 다른 측면이 있다. 콜드리딩은 결코 악의로 사람을 속이기 위해 만들어진 것이 아니라 사람의 심리를 교묘히 이용한 화술에 불과하다. 그 자체는 단순한 커뮤니케이션 도구인 것이다. 당신이 상대에게 다가서려는 열의만 있다면 이미 그 마음의 절반은 전달된 것이나 마찬가지다. 하지만 그런 열정에 더해 적절한 커뮤니케이션 기술을 활용한다면 당신은 상대와 자유롭게 소통하며 굳은 신뢰로 맺어질 수 있다. 이 점에 바로 콜드리딩의 진정한 매력이 있다. 따라서 콜드리딩 기술을 비즈니스나 개인적인 일에 활용하면 일이나 인간관계가 한층 더 원만히 이루어질 수 있다. 콜드리딩에는 그런 긍정적인 측면도 있다.

　당신이 영업 파트에서 일한다면, 콜드리딩의 사고를 응용해 고객의 요구를 효율적으로 개발해 낼 수 있다. 또 영업사원으로서의 자신의 능력을 좀더 강하게 어필할 수도 있다. 물론 쓸모없는 교재를 파는 일처럼 상대를 속이는 일에 사용하라는 것이 아니다. 고객에게 도움이 되는 우수한 상품을 소개할 때 경계심을 풀고 당신의 이야기를 들을 수 있도

록 상담을 이끌어가라는 것이다.

또 당신이 상사라면 부하직원의 사기를 높이는 데 콜드리딩을 활용할 수 있다. '난 안 돼.' 하고 자신감을 잃은 부하직원에게 '난 할 수 있다!' 하고 믿게 만들 수 있다면 그보다 더 멋진 일은 없다. 부하직원을 이끄는 능력 있는 상사가 되는 데도 콜드리딩은 도움을 준다. 뿐만 아니라 콜드리딩은 애인과 가족과의 관계를 양호하게 만드는 데도 도움이 된다. 도저히 속마음을 알 수 없는 애인에게도 콜드리딩을 활용한다면 자연스럽게 둘만의 라포르를 형성해 낼 수 있다.

1장에서는 왜 콜드리딩이 강력한 커뮤니케이션 도구인지에 대해 설명하고, 2장은 콜드리딩을 믿어버리는 사람의 심리에 대해 이야기한다. 3장과 4장에서는 각각 누구나 사용할 수 있는 콜드리딩의 테크닉과 콜드리딩을 일상에서 활용하는 방법을 설명한다. 세일즈, 면접, 전직, 프레젠테이션, 고객 접대 및 클레임 대응 등의 업무와 연애와 같은 개인적인 일에서 콜드리딩을 어떻게 응용할 수 있는지 그 사례를 제시한다. 아울러 대화를 나눌 때의 어투뿐만 아니라 메일 쓰는 방법에 대해서도 자세히 소개한다.

사람은 누구나 무언가를 믿으며 살아간다. 무엇을 믿든 그것이 그 사람의 '현실'이 된다고 나는 생각한다. 자신과 주위사람을 불행하게 만드는 것을 믿고 사는 것보다는 모두가 행복하고 밝은 마음으로 살 수 있다는 것을 믿어야 한다. 그러기 위해서 나는 지금까지 공개하지 않고 묻어두었던 콜드리딩의 노하우를 여러분과 공유하고 싶다. 그건 바로 서로서로 읽고 읽히고 싶어하는 고립된 현대인들의 열망과도 관계 있는 일일 것이다.

이시이 히로유키

인생을 바꾸는 심리 대화법
콜드리딩

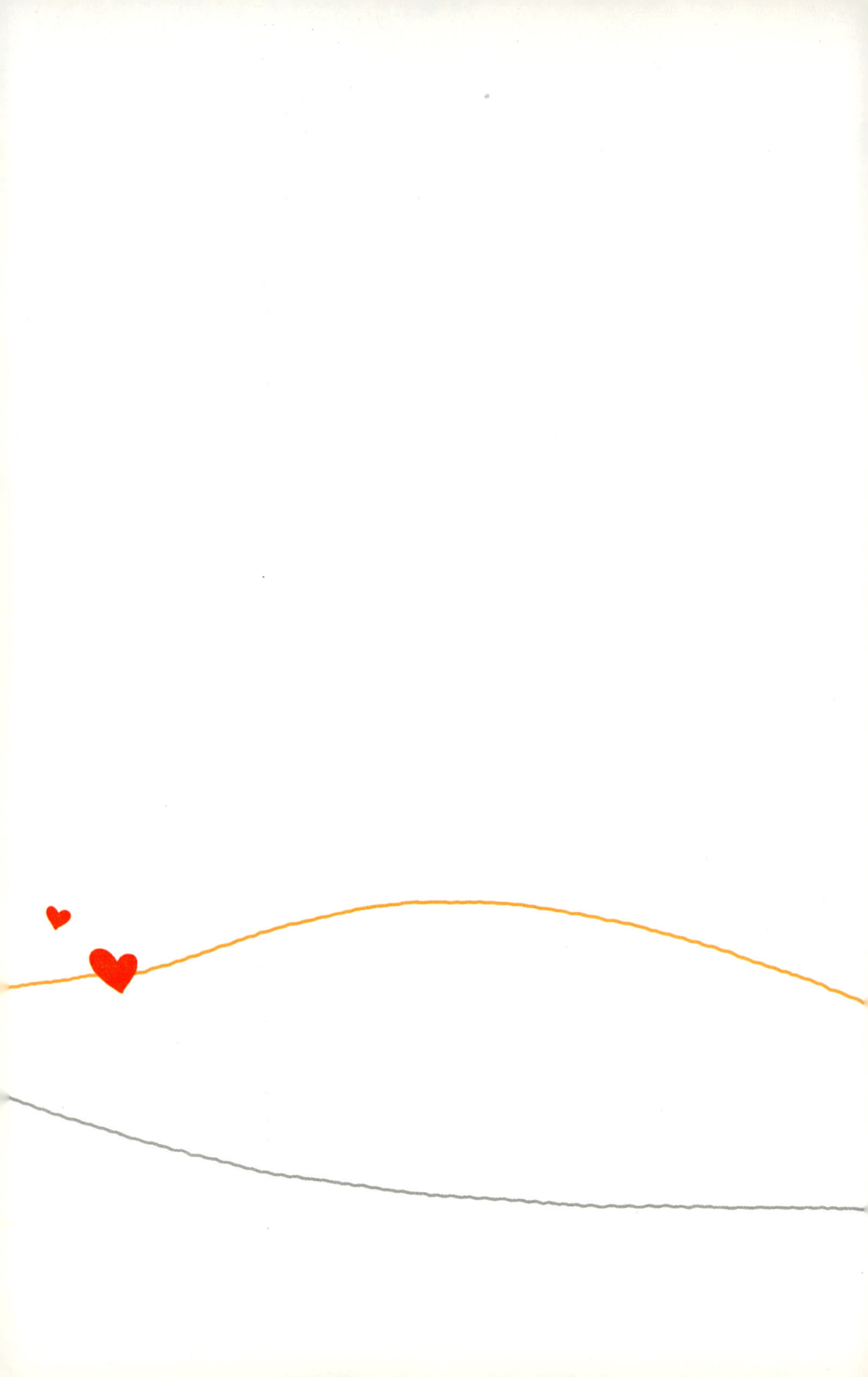

콜드Cold라는 영어 단어에는 '사전 준비 없이' 또는 '갑자기' 라는 뜻이 있다. 사전적 정의로는 오디션에서 미리 준비 없이 즉석 대본을 받아서 읽는 것을 의미한다. 영업에서 콜드콜Cold Call은 사전 예고 없이 방문하는 '뛰어들기식 영업' 이다. 리딩Reading은 점이나 영감으로 읽어낸다는 뜻이다. 예를 들어 "손금을 봐 드리겠습니다." 라고 할 때에는 "I will read your palm." 이라고 말한다.

따라서 콜드리딩Cold Reading은 '사전 준비 없이 처음 보는 사람에 대해 점치는 것' '사람의 마음을 그 자리에서 읽는 것' 이라는 의미를 담고 있다. 콜드리딩은 지금껏 듣도 보도 못한 사람의 현재와 과거, 미래를 척척 알아맞히는 것을 말한다. 이 책에서는 순수한 영감이나 초능력이 아닌(이런 신비주의적인 내용을 기대했던 독자는 이 책이 실망을 줄지도 모른다), 테크닉과 심리 화술을 사용해 그것을 실현하는 것을 '콜드리딩' 이라 부르기로 한다.

콜드리딩을 행하는 사람, 즉 리딩을 하는 사람은 '리더Reader' 로 이 책에서는 콜드리더로 부른다. 한편 리딩을 당하는 사람을 영어에서는 'Sitter(앉는 사람)' 로 표현하는데, 이 책에서는 '상담자' 라는 말로 대신하기로 한다. 콜드리더는 상담자의 현재와 과거를 알아맞히고, 마음을 읽고, 미래를 예측한다. 다시 말해 콜드리더는 상담자에 대해 모든 것을 알고 있는데, 사실은 '모든 것을 알고 있다.'라고 하기보다는 알고 있다고 '믿게 만드는 것'이라고 해야 한다.

2 | 콜드리딩은 왜 필요한가?

그런데 무엇 때문에 '나는 당신에 대해 모든 것을 알고 있다.'고 믿게 만들어야 하는 것일까? 단순히 자신의 힘을 과시하고 싶어서? 아니면 얼마 안 되는 복채를 얻기 위해서?

생각해 보자. 지금껏 한 번도 만난 적이 없는 사람이 당신의 고민과 과거의 일을 전부 알아맞혔다고 하자. 절대로 알 수 없을 것 같은 일도 차례로 알아맞힌다. 그래서 그 능력에 완전히 감명을 받았을 즈음, "그런데 이대로 가면 큰 사고를 당하게 돼요." 하고 그 사람이 심각하게 말

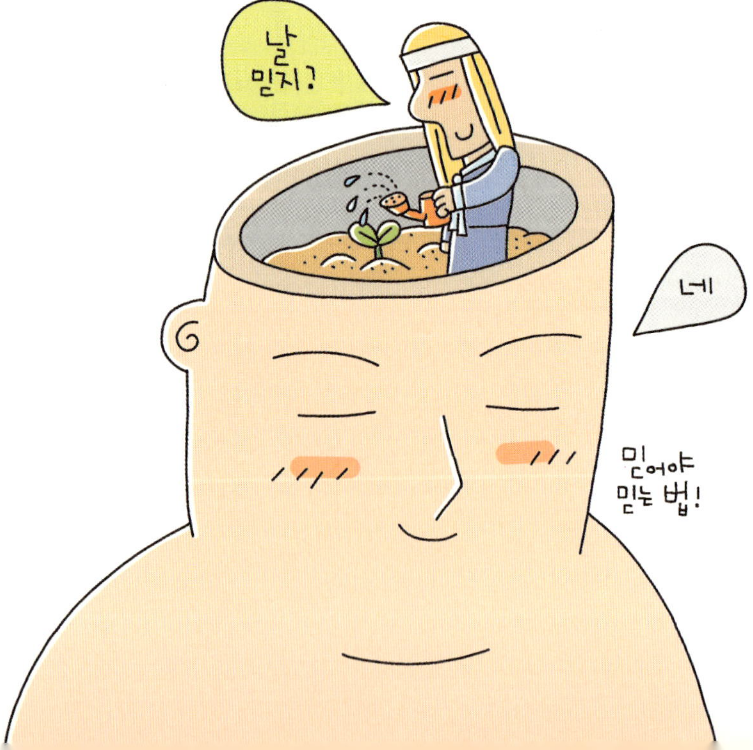

했다면 어떨까? 아무렇지도 않을 수 있을까? 분명히 당신은 동요해서 "그럼 어떻게 해야 되죠?" 하고 그 사람에게 도움을 구할 것이다.

그럼 그는 안쪽으로 들어가 천천히 값비싼 항아리를 들고 나온다……. 만약 처음부터 항아리를 내놓으면 속는 사람은 하나도 없을 것이다. 설명할 수 없는 힘에 농락당해 상담자는 '나의 현재와 과거를 알아맞힐 수 있는 사람이라면 분명 미래도 알고 있을 것이다.' 라고 믿어버리게 된다. 그렇기 때문에 '정말 사고를 당할 게 틀림없다.'고 마음이 흔들려 시시한 항아리 따위에 손을 내밀게 되는 것이다. '나는 당신의 모든 것을 알고 있다.'고 믿게 만들 필요가 있는 것은 바로 이 때문이다.

극단적인 예를 들었지만, 콜드리딩 자체는 결코 사기를 치는 기술이나 반사회적인 생각이 아니다. '나는 당신의 모든 것을 알고 있다.'고 믿게 만드는 것으로 상대를 행복하게 만들어줄 수도 있기 때문이다.

고민이 생겨 점쟁이를 찾아갔다고 하자. 처음부터 "괜찮아. 지금부터 운이 상승기에 접어들었어." 하는 말을 들으면 "그래요?" 하고 순순히 받아들일 리 없을 것이다. 고민으로 마음이 괴로운 것은 자신이기 때문이다. 점쟁이의 그런 말도 실없는 소리로 들릴 게 뻔하다.

그런데 만약 그 점쟁이가 처음 만나는 당신의 고민을 전부 알아맞히고, 경우에 따라서는 사귀고 있는 애인의 이름까지 적중시킨 다음 돌아가려는 당신의 뒤통수에 대고 "걱정 안 해도 되겠어요. 운이 상승세라서 괜찮아!" 하고 말해주었다면 어떨까? 아마도 당신은 정말로 힘이 날 것이다.

이런 식으로 상대를 행복하게 만들어주는 데도 콜드리딩을 활용할
수 있다.

3 | 콜드리딩과의 만남

어떤 의미에서는 나도 숙련된 '콜드리더 가운데 하나'라고 할 수 있다.
나는 점쟁이도 아니고 영적으로 능력이 있는 사람도 아니다. 나는 최면
요법을 위주로 카운슬링을 하는 테라피스트다.

최면요법이라고 하면 흔히 텔레비전에서 보여주는 최면술 쇼를 떠
올리는 사람이 적지 않은데, 현대의 최면요법은 비합리적이고 초자연
적인 것이 아니라 치밀하게 만들어진 커뮤니케이션 기술이다. 좌우로
흔들리는 진자에 의식을 집중시킨 후 위압적인 목소리로 명령하거나
고개를 빙빙 돌리는 그런 최면요법이 아닌 것이다. 당신이 갖고 있을
그런 최면요법의 이미지는 이미 사라진 지 오래다. 최신 최면요법은 일
상적인 대화를 나누면서 상대를 최면상태로 유도한다. 평범한 대화 속
에 교묘한 심리유도 메커니즘이 구사되고 있다.

처음 콜드리딩의 구조를 알았을 때 그것이 최면요법의 사고방식과
매우 비슷하다는 점에 놀랐다. 콜드리딩은 사람의 심리를 교묘히 유도
하는 커뮤니케이션 기술이었던 것이다. 전혀 다른 세계에서 똑같은 기
술과 경험이 쌓여지고 있는 것에 흥분해 온갖 수법을 동원하여 콜드리

딩에 관한 정보와 자료를 모으고 연구에 몰두했다.

이와 같은 연구를 통해 테크닉 면에서는 최면요법과 다른 점이 없다는 사실을 알게 되었다. 테라피를 통해 내가 수년간 실천해 온 낯익은 테크닉들이었다. 그런 의미에서는 테라피스트나 카운슬러나 결국은 콜드리더와 같은 테크닉을 사용하고 있다고 말해도 좋을 것이다. 다만 목적이 다를 뿐이다.

4 | 콜드리더의 세 가지 타입

콜드리더는 무엇을 목적으로 하는가에 따라서 크게 세 가지 타입으로 분류할 수 있다.

첫 번째 타입은 엔터테인먼트를 목적으로 콜드리딩을 하는 사람들이다. 마술 분야에 멘털리즘Mentalism이라는 분야가 있다. 사람의 마음을 읽거나 손을 대지 않고 물건을 움직이는 초능력을 연기하는 사람들이 있는데, 그들을 사이킥 엔터테이너Psychic entertainer라 부른다. 그들은 자신들을 '엔터테이너'라 규정짓고, '특별한 힘을 갖고 있다.'는 식의 주장은 결코 하지 않는다. 그런 건전하고 악의 없는 쇼 비즈니스 세계에서 콜드리딩 기술을 사용할 때가 있다.

두 번째 타입은 스스로 영적능력이 있다고 생각하는 사람 또는 초능력자, 점쟁이를 자칭하는 사람들이다. 나는 초능력이나 영적능력, 점을 부정하지는 않는다. 오히려 그런 것의 존재를 믿는다. 그러나 예를 들어, UFO를 믿는다고 해서 모든 UFO 사진이 진짜라고는 믿지 않는 것처럼 모든 영적능력자나 점쟁이가 ‘순수’하다고 무조건 믿을 수는 없다. 실제로는 콜드리딩이나 심리 화술을 의도적으로 사용하면서도 그것을 초능력이나 영적능력이라고 ‘주장’하는 사람들이 있기 때문이다. 그러나 그들의 목적에 꼭 악의가 있다고는 할 수 없다. 심리 화술 기법은 어디까지나 수단으로 사용해 상담자가 행복한 기분으로 인생을 보낼 수 있도록 조언하는 것을 최종 목적으로 하는 콜드리더도 많다.

콜드리딩 세계에서는 이 타입의 콜드리더의 윤리성에 대해서 늘 의견이 나뉜다. ‘상담자를 위하는 것이라고 하지만 결국 속이는 게 아니냐’는 것이다. 물론 콜드리딩의 기술과 심리 화술 기법에 의존하지 않고 순수한 영감으로 리딩을 하는 사람도 많다. 흔히 ‘Shut eye’라 불리는 콜드리더들은 무의식중에 콜드리딩의 화술을 사용할 때도 있지만, 기본적으로는 자신의 순수한 영감에 바탕을 두고 리딩을 한다. 이들도 콜드리더라 불리기도 하지만 이 책의 정의에서는 제외한다.

세 번째 타입은 사기꾼 또는 법적으로 정해진 이외의 복채를 갈취하기 위해서 트릭을 쓰는 사이비 점쟁이들이다. 이들은 금품을 빼앗기 위해 악의를 갖고 콜드리딩을 사용하기 때문에 윤리성의 결여는 말할 것도 없다. 그들의 수법은 범죄다. 그런데 다른 두 타입과 비교해 그 기술은 차원이 다를 정도로 세련되었다. 일단 들키면 법적 처벌을 받기 때문이다. 특히 해외에서 사기를 당한 사람의 말을 들어보면 이 타입의 콜드리더가 이야기 속에 등장하는 경우가 적지 않다. "조금 이상하다고 생각하긴 했지만……." 사기를 당한 사람들의 입에서 꼭 나오는 말이다. 시간이 지난 후 냉정히 생각해 보면 알 것 같은 일도 콜드리더의 수법에 걸리면 속아 넘어가는 것이다.

콜드리딩의 트릭 자체는 매우 단순하다. 마술의 트릭을 설명하며 보여주는 것처럼 일단 알고 나면 "뭐야, 그런 거였어?" 하고 누구나 어이없어 한다. 그러나 그들은 사람의 심리를 교묘히 유도한다. 심리만 유도할 수 있으면 이후는 어떤 것이라도 믿게 만들 수 있기 때문이다.

다시 한 번 말하지만, 상대의 심리만 유도할 수 있으면 대개는 어떤 것이든지 믿게 만들 수 있다.

5 | 전형적인 콜드리딩 사례

콜드리더는 어떤 테크닉을 사용할까? 실제 상황에서의 콜드리딩은 얼마든지 복잡하고 치밀하겠지만 여기서는 설명을 위해 단순한 예를 들어보자.

상담자가 처음 만난 콜드리더에게 손금을 보게 되었다. 물론 본인은 스스로 콜드리더라고 소개하지 않는다. 모든 것을 꿰뚫어보는 특수한 힘을 갖고 있다는 냄새를 풍길 것이다.

콜드리더는 이상하다는 듯이 고개를 갸웃거리며 상담자의 손바닥을 뚫어지게 본다.

"으음, ○○사에 다니는 사람 아닌가……?" → 3-4 서틀네거티브

3-5 미디엄 사용
〈여기서는 손금〉

"아! 어떻게 아세요?"

상담자는 사원증을 그대로 달고 왔나 싶어 당황한다. 소지품에도 회사 이름이 쓰여 있는 것은 하나도 없다.

"역시. ○○사 같은 대기업에서 실력을 발휘할 사람의 손금이에요. 큰 무대에서 활약할 사람의 손금."

"놀랐어요. 전 ○○사에서 엔지니어로 일해요."

"그런데 당신, 지금 하는 일에 의문을 갖기 시작했을 텐데?"

"네?"

"좀 더 자유롭고 창조적인 일을 선택했어야 했던 게 아닌가 하고. 아티스트 같은…
…. 음…… 음악인가?" → 3-3 줌인·줌아웃기법

"아니, 시나리오 작가가 되고 싶다는 생각은 계속 하고 있지만……."

"역시. 당신 시나리오에는 리듬감이 있어요. 특히 최근 작품에는. 그래서 음악의 파동이 느껴졌구나. 용기를 내서 그 길로 나가면 반드시 성공해. 그런데 조금 겁을 내고 움츠리는 면이 있네, 왜 그렇지……?"

콜드리더는 잠시 눈을 감고 입을 다문다.

" …… 사실은 아까부터 당신의 기억이 내 안에 들어와 있는데…… 동물을 아주
무서워하는 모습이 보여…… 짐작 가는 거 없어요?" → 3-5 서틀퀘스천

"아, 네. 초등학교 때 미친개한테 물려서 병원에 실려간 적이 있었어요. 출혈이 몹시 심해서 목숨이 위험할 정도였지요. 그래서 지금도 개만 보면 겁부터 나요."

"그래, 그 일이 당신을 겁쟁이로 만든 거야. 호된 일을 당했지만, 그건 이미 다 지나간 일이고, 그리고 미친개와 일은 관계가 없어요. 자신을 갖고 본인이 하고 싶은 일을 하면 돼."

"네."

"그런데 당신 방에…… 뭔가, 으~음, 앨범에 정리하지 않은 사진이 있나? 식구들 모르게 상자 안에 넣어둔 채 그대로 있는 사진이 있는 거 같은데."

3-1 스톡스필

"네, 있어요. 학생 때 찍은 사진인데 늘 정리해야지, 생각만 하고 있었어요."

"집에 가면 우선 그것부터 꼭 정리해. 자신의 과거를 함부로 다뤄선 안 되지. 그리고…… 아, 오래된 달력이 그대로 있네. 그러면 안 되는데."

3-1 스톡스필

"달력이요? 어? 1월에 새 것으로 다 바꿨는데……."

"잘 생각해 봐요. 작은 탁상 달력일 수도 있고, 아니면 서랍에 넣어두었을지도 모르고……."

"아, 그러고 보니, 회사 책상 서랍에 작년 달력인데 쓰지 않은 것이 하나 있어요."

"그래, 그거야. 그것도 처분하세요."

"알겠습니다. 가자 마자 할게요."

"그런데, 당신 친군데…… 그러니까…… 안경을 끼고…… 조금 통통한 남자…… 오른쪽 가르마, 그러니까 오른쪽 이마가 나오게 가르마를 탔어요…… 그리고……."

3-3 줌인줌아웃기법

"다카시요?"

"그래요, 다카시. 다카시는 섬세함이 약간 부족해. 목소리도 크고. 하지만 외향적이고 성격이 밝아서 사람하고 부딪치는 일을 하고 있군…… 영업이나 선생님 같은……."

"맞아요, 초등학교 선생님이에요. 정말 대단하시군요. 꼭 만난 것처럼 말씀하시네요."

"다카시는 당신이 지금의 일을 그만두는 것에 반대하죠?"

"아니, 다카시한테는 아직 말하지 않았는데, 말하면 분명히 반대할 거예요."

"그럴 거야. 다카시의 말에도 일리는 있지만 그것에 흔들리지 않는 게 좋아요. 본인의 마음에 따르는 것이 좋아."

"네."

"그리고……."

콜드리더는 상담자의 눈을 응시하며 말한다.

"그리고 머지 않아 한동안 연락이 끊겼던 사람에게서 갑자기 연락이 올 거예요. 그 사람을 소중히 하는 게 좋아." → 3-6 세틀프러딕션

콜드리더는 상담자가 ○○사에 근무하고 있는 것과 자신의 일에 의문을 갖기 시작한 것, 시나리오 작가의 꿈을 갖고 있다는 것을 지적하고, 집에 정리하지 않은 사진이 상자 속에 방치되어 있다는 것과 오래된 달력이 있다는 것을 알아맞혔다. 어디 그뿐인가? 친한 친구가 안경을 끼고, 살이 쪘으며, 오른쪽 가르마를 하고, 초등학교 선생님이라는 사실까지 정확히 알아맞혔다. 게다가 시나리오 작가가 되려는 상담자의 꿈에 반대하는 타입이라는 것까지 꿰뚫어보고 말했다.

그리고 사흘 뒤, 콜드리더의 예언대로 상담자에게 몇 년 동안이나 서로 연락을 끊고 지냈던 옛 애인으로부터 전화가 걸려왔다…….

자, 이 정도 되면 상담자는 서서히 이 인물을 믿게 될 것이다. 콜드

리딩의 속내를 모른다면 말이다.

설명을 위해서 아주 단순한 예를 들어보았다. 이 정도의 콜드리딩이라면 당신도 이 책을 읽고 난 후 어렵지 않게 할 수 있다. 다음 장부터 이 사례에 나온 리딩을 하나하나 짚어가면서 그 구체적인 테크닉에 대해 알아보기로 한다.

6 | 콜드리딩 테크닉의 기본은 신뢰

악의를 갖고 있는 콜드리더는 이러한 대화를 통해 당신의 신뢰를 얻는다. 절대 갑자기 금품을 노리거나 하지는 않는다. 최종적으로 당신한테서 '돈을 뜯을 수 있겠다.'고 노리는 것이 크면 클수록 그들은 신뢰를 구축하는 데 충분한 시간을 들인다.

어떤 사람에게서 직접 들은 이야기다. 그는 쇼 비즈니스로 활약하는 사람인데 몸을 다치는 바람에 일이 생각만큼 들어오지 않게 되었다. 그때 스스로 영적능력자라고 하는 사람이 나타나 그의 현재 상황을 모두 알아맞혔다. 이 사람은 자신의 고민을 깊이 이해해 주는 인물로 비쳤다. 스스로 영적능력자라 일컫는 그 사람은 수시로 자신에게 조언을 해주었다. 예를 들어, "현관에 소금을 뿌리세요." 하는 정도의 사소한 것이다. 그 말을 들은 것뿐인데 신기하게도 일이 밀려들었고 이와 같은 일이 계속되었다. 그 후 일도 안정을 찾게 되고, 한집안 식구처럼 가깝

게 지내게 되었다. 그래서 그가 "2천만 엔만 빌려주세요." 하고 말했을 때 아무런 의심도 하지 않았다고 한다. 물론 그 후로 그 영적능력자의 모습은 볼 수 없었다.

남의 말에 감쪽같이 속을 때는 속는 사람 입장에서는 '이 사람의 말이 정말이었으면 좋겠다.'는 기분으로 말을 듣는다. 인생에 지침을 주는, 모든 것을 꿰뚫어보는 힘을 가진 인물. 그런 사람이 옆에 있어주기를 바라는 것도 이상한 일은 아니다.

사람을 믿어서는 안 된다는 것이 아니다. 믿음의 근거가 '이 사람은 신기한 힘으로 모든 것을 알아맞히니까.' 하는 데 있다면 주의가 필요하다는 것이다.

현재나 과거의 일을 알아맞히고 미래를 예언하는 것(정확히는 예언했다고 믿게 만드는 것)은, 어느 정도는 콜드리딩 테크닉으로 가능하다.

2

사람의 심리를 이용하는
콜드리딩은 강력하다

사람들은 왜 똑같은 원리에 속을까?

콜드리딩을 말할 때는 바넘 효과Barnum effect 또는 포러 효과Forer effect가 꼭 예로 등장한다. 1949년 심리학자 포러Bertram Forer는 '인간의 자기평가는 엉터리다.' 하는 것을 증명하기 위해 다음과 같은 실험을 했다.

우선 그는 학생들을 모아 성격진단 검사를 실시한 뒤 며칠 후 '당신의 진단 결과는 이렇게 나왔습니다.' 하는 리포트를 건네주고 그 결과에 대해서 어느 정도 맞다고 생각하는지에 대해 평가했다. 사실 검사 내용은 어떻든 상관없는 완전 가짜였고, 학생들에게 건넨 진단 결과 리포트도 전부 똑같은 것이었다.

사실 이 리포트는 시중에서 구입한 운세 잡지 속의 문장을 골라내 작성한 것이다. 그런데 결과는 포러의 예상과 맞아떨어졌다. 학생들은 5포인트 가운데 평균 4.3포인트라는 높은 평가로 '맞다!'고 느낀 것이다. 이는 86퍼센트의 적중률로, 상당히 높은 숫자다. 또 검사를 받은 학생들의 41퍼센트는 '이 리포트는 나와 완벽하게 맞는다. 이 성격 테스트는 정말 대단하다!' 고까지 평가했다고 한다.

30년 후에도 같은 검사를 했는데 그때도 같은 수준의 결과를 얻었다.

당신이 지금 어떤 생각을 할지 대강 짐작이 간다.

- 상당히 비현실적인 야망을 품게 될 때가 있다.

- 외향적이고 상냥하며 남들과도 잘 지내는 반면 내성적이고 신중하며 사람들을 피할 때도 있다.

- 자신을 지나치게 솔직하게 드러내서는 안 된다는 것을 인생경험을 통해 배워왔다.

- 자기 생각이 확실해서 근거 없이 남의 말은 믿지 않는다고 자부한다.

- 어느 정도의 변화나 자유를 좋아하고, 구속이나 제한을 받으면 불만을 느낀다.

- 지금까지의 인생에서 선택한 행동이 정말 옳은 것이었는지 의문을 가질 때가 있다.

- 겉으로는 자신감 있게 보이지만, 속으로는 끙끙대고 불안해하는 면이 있다.

- 섹스에 대한 욕망을 적절히 조절하지 못할 때가 있었다.

- 성격에 어느 정도의 약점은 있지만 대개는 그것을 보완할 수 있다.

- 자신 안에 아직 개발되지 않은 재능이 잠자고 있다.

- 자신에 대해서 지나치게 엄격한 편이다.

- 남에게 호감을 주고, 인정을 받고 싶은 욕구가 강하다.

'결국, 누구한테나 들어맞을 만한 애매한 문장을 늘어놓은 것뿐이다. 들어보면 누구에게나 해당될 법한 것들뿐이다. 이미 몇십 년이나 지난 옛날이야기인데 말이다. 그때는 인터넷은커녕 텔레비전도 변변히 없던 시절이었으므로 사람들이 대체로 소박했다. 그럼 지금 살고 있는 사람들은 그런 것에 속을 리 없지 않을까?'

그런데 지금도 사람들은 똑같은 원리에 속고 있다. 그리고 속은 사람은 자신이 속았다는 것을 깨닫지 못하기 때문에 자신만큼은 속지 않는다고 믿는다. 그럼 왜 사람들은 '그런 것'에 속을까?

콜드리더는 주로 손금을 사용한다

학생들에게 느닷없이 이 리포트만 건네며 '어느 정도 맞는가?' 하고 물었다면 포인트는 훨씬 낮아졌을 것이다. 사전에 그럴듯한 '성격진단 검사를 했다.'는 점이 매우 중요한 열쇠이다. 예를 들어, 문득 펼친 잡지의 운세 코너에 '올해 당신은 해외로 활동 영역을 넓힐 것이다.' 하고 나와 있었다면 당신은 아마도 '쳇!' 하고 웃어넘길 것이다. 왜냐하면 이 기사는 당신을 노리고 말려들도록 쓴 것이 아니기 때문이다.

그런데 점쟁이에게 돈을 내고 운세를 보면 어떨까? 당신의 손금을 한동안 살피고 나서 '당신, 올해 해외로 나가겠어.' 하고 말했다면?

"해외? 뭐지? 일로 나가나? 아니면 취미인 서핑으로 올해 하와이 대회에 나간다는 건가?" 하고 점쟁이가 한 막연한 말의 의미를 보충하듯이 머릿속으로 이것저것 생각할 것이다.

그리고 "그러고 보니, 지난주에 직장 상사가 '장기 출장중인 야마다 씨가 귀국하는데, 그 대신 자네가 나가보는 게 어때?' 하고 물어봤어요. 농담일 거라고 생각했는데, 바로 그거군요!" 하고 당신은 흥분하기 시작한다. 어렴풋이 그랬으면 좋겠다고 생각했기 때문이다.

점쟁이는 크게, 천천히 고개를 끄덕인 후 이렇게 대답한다.

"그래요. 이 선과 이 선이 이렇게 교차하죠? 이건 일에서 크게 비약한다는 것을 의미합니다. 내가 말한 대로 해외로 활동 영역을 넓힌다고 나와요. 하지만 이 기회를 잡느냐 아니냐는 당신이 하기 나름이에요.

그건 이 선의 ……."

다음날 당신은 그 점쟁이에 대해 사람들에게 말할 때 다음과 같이 이야기할 것이다.

"내가 워낙 점 같은 거 믿지 않는데 이게 너무 딱 맞는 거야. 지난주에 상사가 해외출장 건에 대해 말한 것까지 알아맞히더라니까."

잠깐, 흥분하기에는 아직 이르다.

다시 한 번 이 상황을 되짚어보자. 점쟁이가 말한 것은 '당신은 올해 해외에 나간다.'는 것뿐이다. 점쟁이는 짧은 해외여행이라도 명중하면 된다고 생각하고 말했을지 모른다. 그런데 당신 스스로 그것을 일에 결부한 것이다. 해외출장, 야마다 씨, 상사의 말, 전부 당신이 생각해 내고 당신 입으로 말했다.

잡지의 운세에는 이성적으로 반응하는 사람도 직접 마주하면 말려들기 쉽게 되어 있다. 점쟁이는 당신과 직접 마주하고 당신의 손을 잡고 당신의 손금을 보면서 '해외에 나간다.'고 말한다. 그렇기 때문에 당신은 말려들게 되는 것이다.

당신이 속한 별자리가 아니라 당신의 손금을 보고 점을 치는 것이니 이보다 더 '당신에게 딱 들어맞는 것'은 없지 않을까? 콜드리더 가운데 타로점이나 점성술보다 손금을 사용하는 사람이 많은 것은 바로 이 때문이다.

스스로 정보 제공을 하게 되는 심리를 이용한다

'당신만을 위해 준비된 것'이라는 점을 강조하는 설정 속에서 리딩을 실행하는 것으로 상대를 말려들게 만들 수 있다. 이때 상담자는 리딩에 적극적으로 참가하게 된다. 이것은 매우 중요한 사실이다. 상담자를 방관자가 아닌 참가자로 만들어버리기 때문이다.

일단 상담자가 리딩에 참가하기만 하면, 그 리딩을 부정하려는 자세가 사라지고 리딩에 협력하려는 심리가 작용한다. 자기 팀의 골대에 공을 넣는 축구 선수는 없다. 이와 같은 원리이다. 콜드리더가 애매한 표현을 하면 그것을 구체적인 사실로 바꾸려 하고, 콜드리더가 말이 막히면 거들어주기까지 한다. 다음 예는 그런 사실을 잘 보여준다.

"지금, 빨간 카펫이 내 머리 속에 떠오르는데…… 그곳에 당신이 서 있는 게 보입니다. 뭔가 시작되려는 것 같은데…… 넓은 장소이고……."

"아, 영화관 아닐까요? 지난주에 영화 보러 갔거든요!"

사실, 콜드리더는 아무런 근거도 없이 적당히 '빨간 카펫이 깔린 장소' 운운하며 넌지시 상대를 떠본 것뿐이다. 그런데 '최근 빨간 카펫이 깔린 곳에 간 적이 있었나? 아, 지난주에 간 영화관이다!' 하고 당신이 그것에 적합한 상황을 떠올리고 그 정보를 콜드리더에게 줘버린 것이다.

그런데도 이후에 다시 생각할 때 '내가 영화관에 간 것도 알아맞혔어.' 하고 믿어버리는 것은 당신이 콜드리더에게 말려들어 리딩에 참가했기 때문이다.

인간은 시대와 성별에 상관없이 바로 '자기 자신'에게 가장 높은 관심을 보인다. 통계에 따르면, 미국 사람의 53퍼센트는 자신의 별자리 운세를 정기적으로 읽는다고 한다. 별자리든 혈액형이든 어떤 것이든 상관없다. 스포츠신문의 운세 코너에서도 자기에게 해당하는 것만 확인하지 않는가? 인간에게 '나' 이상으로 관심이 있는 것은 없다.

당신이 초보 세일즈맨이라고 하자. 당신은 '왜 우리 상품에 관심을 가져주지 않는 걸까?' 하고 생각할 것이다. 아무도 당신의 상품에 관심을 갖지 않는다. 상대가 관심을 갖는 것은 자기 자신뿐이다.

그러니까 상대에 관한 이야기, 상대의 회사 이야기를 하게 하면, 몸을 내밀고 서서히 당신의 세일즈에 말려든다. 자신에 관한 것, 자신의 일에 관한 것, 자신의 회사에 관한 것. 사람은 그런 이야기를 하고 싶어 하기 때문이다.

최근에는 메일 등에 '○○○님' 하고 자기 이름이 써 있는 경우가 있다. 그런데 그것을 보고 '나한테만 보내주었다'며 좋아하는 사람이 있을까? 독자도 바보는 아니다. 수천 명 아니 수만 명이나 되는 독자에게 보내는 메일이 개개인을 상대로 쓰여진 것이라고 믿는 사람은 없다. 보낼 때 자동으로 독자의 이름이 들어가는 시스템을 활용했을 거라는 짐작은 누구나 한다.

　이 정도로는 다른 잡다한 메일 가운데 다소 눈에 띌 수도 있지만 상대를 '끌어들이는 수준' 까지는 못 된다. 형태만 상대에게 맞게 설정해 봤자 소용없다. 상대가 '이 사람의 말은 나한테만 하는 말이다.' 하고 생각하게끔 해야 한다.

　콜드리더는 그 사전 준비를 하는 데 매우 능숙하다.

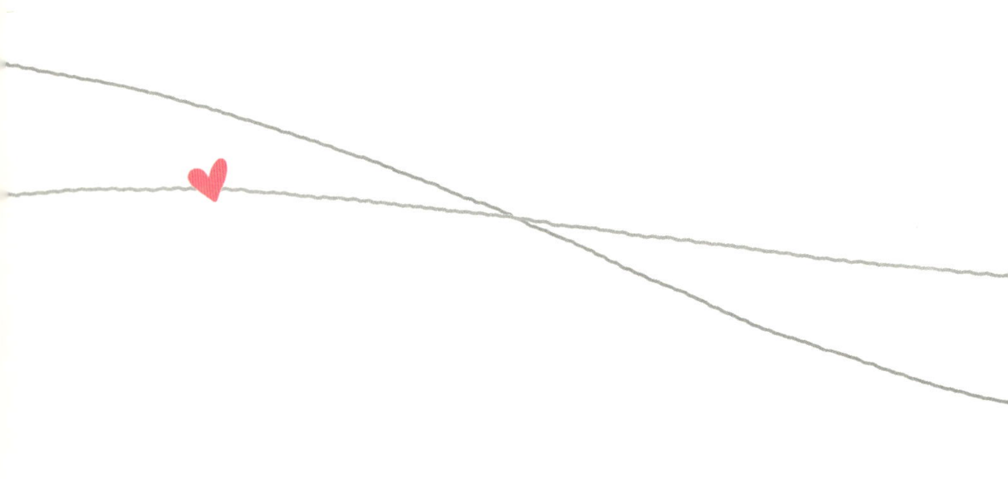

사랑은 속기 쉽다?

고등학생 때 한 여학생을 좋아했다. 내 마음을 빼앗은 그 여학생의 생일은 1월 23일이었다. 그런데 신기한 일이 일어나기 시작했다. 그때 나는 디지털 손목시계를 차고 있었는데, 아무 생각 없이 시계를 볼 때마다 꼭 1과 2와 3의 조합으로 이루어진 숫자가 표시되어 있는 것이다. 1시 23분, 12시 3분, 3시 21분 하는 식으로.

'왜 시계를 보면 꼭 1 · 2 · 3의 타이밍에 정확히 맞는 걸까?' 하고 진지하게 생각했다. 우연이 아니다. 어떤 의미가 있는 것이 분명하다고 여겼다. 어떤 계시라고까지 생각했다.

당신이 그렇듯이 나도 지금은 웃을 수 있다. 그 당시 나의 심리는 억지로라도 그녀와 자신을 관련짓고 싶었던 것이다. 물론 사랑을 하는 상황이 아니면 이런 어처구니없는 일에 속을 리 없다.

우리는 하루에도 수없이 시계를 본다. 무의식적으로 시계 쪽으로 눈을 돌린다. 만일 시계 바늘이 5시 45분을 가리켰다면 나는 시계를 봤다는 것조차 의식하지 못하고 잊어버릴 것이다. 그런데 만약 우연히 1시 23분이었거나 3시 21분이었다면 그 완벽한 조합은 내 의식에 강렬하게 어필한다. 이후에 다시 생각할 때 '시계를 봤을 때 꼭 1과 2와 3의 조합이었다!' 하고 믿게 되는 것이다. 이 원리를 '셀렉티브 메모리 Selective Memory'라고 한다. 의식에 강하게 어필한 기억만 남고, 그 밖의 상 관없는 것들은 그것을 보거나 들은 사실조차 잊어버리 는 것이다. 물론 잠재의식에는 남 아 있을 수도 있지만 말이다.

문장으 로 읽으면 콜드리딩 의 테크닉이 그다지 효과가 있다고는 느끼지 못할 수도 있다. 그러나 실제로 리딩을 받으면 '다 맞는다!' 하고 믿기 쉽다. 그러나 그것은 알아맞힌 것만 강하게 의식에 남고 그 밖의 것은 잊어버리기 쉽기 때문이다. 셀렉티브 메모리가 일으 키는 짓이다.

그래서 콜드리더들은 자신의 리딩이 녹음되는 것을 싫어한다. 나중 에 다시 들었을 때 '뭐야, 이런 말도 했었어?' 하고 상담자가 콜드리더 의 실수를 떠올리게 될 위험이 있기 때문이다. 예를 들어 앞에서 살펴 본 전형적인 콜드리딩 사례에서도 콜드리더는 몇 가지 포인트를 빗맞

히고 있다. '당신은 음악을 한다.' '다카시는 영업을 한다.' '다카시는 당신의 꿈에 반대한다.' 하는 점에 대해서는 명확히 리딩에서 실수를 하고 있다.

그런데도 이후에 생각하면 그러한 실수는 의식에서 사라지고 알아맞혔다는 인상만 떠오른다. 사람은 사실을 기억하기보다는 인상을 기억한다. 리딩에서 들은 말이 적중했다는 인상이 강하면 강할수록 빗나간 리딩은 잊어버리기 쉽게 마련이다.

당신의 기억은 정확합니까?

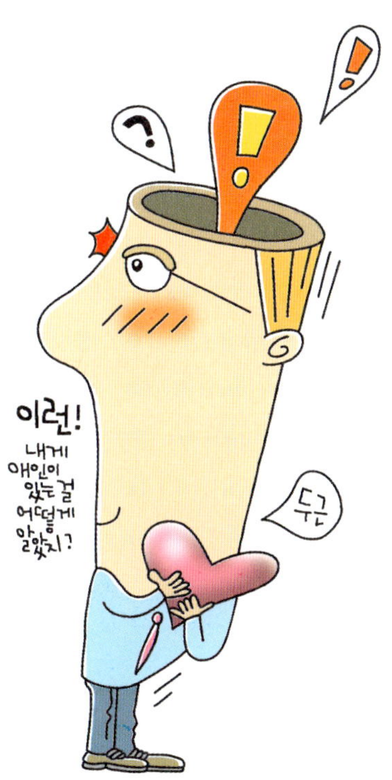

설마 '사람의 기억이 그렇게 엉터리일까?' 하고 당신은 생각할 것이다. 그럼 한번 간단히 실험해 보자.

어제 당신은 많은 사람들을 만났다. 자, 지금부터 그 사람들 중에서 한 사람과 대화를 나눴을 때의 상황을 머릿속에 떠올려보자. 동료든 애인이든 가족이든 상관없다. 그 사람을 만났을 때의 주위 상황을 떠올린다. 어떤 장소였을까? 근처에 뭐가 있었을까? 물론 바로 어제 있었던 일이기 때문에 쉽게 생각할 수 있을 것이다. 그것을 머릿속에 떠올릴 때 그 영상 속에서 당신은 ‘자신의 모습’을 본다. 영상 속에 자신이 보일 것이다. 다시 말해, 당신은 제3자의 시점에서 기억을 떠올리는 것이다.

그런데 잘 생각해 보자. 그 기억이 정확하다면 당신은 ‘내 시선에서 본 영상’으로 떠올릴 것이다. 따라서 자신이 프레임에 들어 있을 리 없다. 그런데도 ‘내가 그 안에 있는 영상’을 떠올린다는 것은, 당신의 기억은 있는 그대로를 기록하는 것이 아니라는 사실을 말해준다. 다시 말해 그 기억은 가공되었다고 할 수 있다.

그렇게 생각하면, 확실하다고 믿었던 당신의 기억도 조금은 의심스러워지지 않을까? 기억하고 있는 일이 정말로 일어났던 일이라고 믿을 수 있는 근거는 어디에도 없다. 즉 기억은 ‘가공’된 상태에서 재생된다. 그리고 셀렉티브 메모리가 그 가공에 영향을 준다.

콜드리더는 이 셀렉티브 메모리를 크게 신뢰할 뿐만 아니라 실수를 하거나 잘못된 리딩을 하는 것을 조금도 두려워하지 않는다. 예를 들어, 80퍼센트 정도의 실수를 했어도 상담자를 경악시킬 20퍼센트를 알아맞히면 충분하다는 것을 알고 있다. 현실에는 80퍼센트의 리딩, 즉 대부분의 리딩이 빗나갔다고 해도 상담자의 마음속에는 ‘콕 집어 알아맞힌다!’는 인상만이 남는다. 콜드리더는 그 20퍼센트를 어떻게 연출하는가에 에너지를 쏟는다.

최면술과 셀렉티브 메모리

텔레비전에 자주 등장하는 최면술 쇼에서도 셀렉티브 메모리의 원리를 사용한다. 최면술 쇼에서는 물을 마시고 취하기도 하고, 양파를 사과라며 맛있게 먹기도 한다. 또 그저그런 평범한 남성을 꽃미남이라며 좋아하기도 한다.

최면술을 공부한 적이 없는 사람이 보면 정말이지 마법과 같은 일이 아닐 수 없다. 이런 최면술 쇼는 절대 사기가 아니다. 이처럼 암시에 크게 반응하는 사람도 실제로 있기 때문이다. 그런데 최면술사의 문제는 '대부분의 사람은 이 정도의 최면술에는 걸리지 않는다.'는 사실이다. 어떤 최면술사든 이 사실을 잘 알고 있다. '나는 누구에게든 확실하게 최면술을 걸 수 있다.'고 입으로는 말할지 모르지만, 그것도 쇼 연출의 일부일 뿐이다. 정말 그런 말을 믿는 최면술사는 한 명도 없다. 따라서 암시에 높은 반응을 보이는 일부의 사람들을 선택해 쇼를 하게 된다. 그 시점에서 걸리지 않은 사람들은 제자리로 돌아가게 한다. 서서히 고도의 테스트가 진행되면서 수가 줄어들고, 마지막에는 암시 반응이 매우 높은 극소수의 사람들만이 무대에 남게 된다. 이렇게 해서 진짜 쇼가 시작되는 것이다.

쇼가 시작되면 쇼에 참여한 사람들은 최면술사가 말하는 대로 행동한다. 주위 여성이 전부 벌거벗은 채 자신을 보고 있는 것 같아 얼굴이 새빨개지고, 닭이 되었다고 믿고 우스꽝스러운 동작을 하기도 한다. 그런 신기한 광경에 압도되어 관객들은 '조금 전 많은 사람들이 무대에 올라갔지만 대부분의 사람들은 전혀 걸리지 않았다.'는 사실을 깨끗하게 잊어버리고 마는 것이다.

'정말 최면술에 걸려서 신기한 행동을 하는 사람들을 이 눈으로 봤다. 그 사람은 대단한 최면술사다.' 하는 인상만 남는다. 최면술사는 관객의 마음속에 그러한 셀렉티브 메모리가 작용하도록 쇼를 연출한다. 사실보다 인상이 중요하다는 것을 최면술사는 알고 있기 때문이다.

녹화방송일 경우에도 최면술에 걸리지 않은 사람들의 재미없는 영상은 편집에서 다 잘라버린다. 결국 텔레비전을 통해 보는 시청자로서는 '걸리지 않은 사람들'을 볼 기회조차 없다.

두 개의 얼굴로 알아맞힌다

밝고 사교적인 사람에게 다음과 같이 말하면 대개의 경우는 명중한다.

"개방적으로 보여서 다들 아무렇지도 않게 심한 농담을 하거나 하지 않아요? 하지만 당신도 그런 농담에 쉽게 상처받는 면이 있어요, 그렇죠?"

'처음 보는데도 거기까지 나를 아는구나.' 하는 강렬한 반응을 얻게 되는 경우도 적지 않다.

자아가 강해서 뭐든지 스스로 결정하고 행동하는 사람에 대해서는 "사실은 의외로 외로움을 많이 타네요. 그것을 전달하는 게 서툴 뿐이지." 하고 말하면 이 역시 명중이다.

인간의 마음은 원래 모순되는 면이 있다. 굳이 이중성향ambivalance이라는 용어를 끄집어낼 필요도 없다. 사람은 누구나 양면성을 갖고 있다. 예를 들어, 의지가 강한 사람일수록 자신이 생각했던 대로 의지를 관철시키지 못했을 때의 좌절감은 크다. 그 때문에 의지가 강한데도 '나는 의지가 약하다.'고 느끼게 된다. 또 너그럽고 상냥한 성격일수록 다른 사람의 무신경함에 화가 나, 상대에 대해 나쁜 마음을 가지면서도 '난 왜 이렇게 너그럽지 못할까?' 하고 생각한다.

어느 한 면이 두드러진다는 것은 동시에 그 반대의 면도 그 사람 안에 강하게 존재하고 있다는 증거이다. 누구나 갖고 있는 이 양면성이 콜드리딩의 효과를 높여 준다. 결국 '상반되는 양면으로 그 사람을 평가하면 반드시 명중' 하는 것이다.

앞에서 예로 든 바넘 효과의 리포트에도 사람의 양면성을 가지고 평가한 부분이 있다.

- 외향적이고 상냥하며 남들과 잘 지내는 반면 내성적이고 신중하며 사람들을 피할 때도 있다.
- 겉으로는 자신감 있어 보이지만, 속으로는 끙끙대고 불안해하는 면이 있다.

첫 번째 예는 외향적인 사람과 내성적인 사람 모두에게 적중한다. 늘 외향적인 사람도 없을뿐더러 언제 어디서나 내성적이기만 한 사람도 없기 때문이다.

이처럼 모순되는 두 측면을 제시하는 것으로 '그건 나하고 맞다.'

하고 생각하게 만드는 리딩이 가능해진다.

또 1장에서 예로 든 전형적인 콜드리딩 사례에서도 콜드리더는 상담자가 ○○사에 근무한다는 것을 알아맞힌 후에 다음과 같이 말해 다시 한 번 명중시키고 있다.

"그런데 당신, 지금 하는 일에 의문을 갖기 시작했을 텐데? 사실은 조금 더 자유롭고 창조적인 일을 선택했어야 했던 게 아닌가 하고."

어떤 직업에 종사하는 사람이든지 속으로는 '지금과 전혀 다른 길을 선택했다면…….' 하고 생각하게 마련이다. ○○사라는 기업에 근무하는 사람의 마음속에는 그와 전혀 반대인 일, 즉 뭔가 창조적인 예술가의 일을 하고 싶다는 바람이 약간은 있을 거라고 콜드리더는 읽었다. 실제로 이 문구는 콜드리딩에서 자주 사용되는 것으로, 많은 사람에게 명중한다.

마음 속에 숨어 있는 또 하나의 자신

상담자 입장에서 보면, 늘 겉에 드러나 있는 자신과는 반대되는, 마음속에 있는 '또 하나의 자신'에 대해 알아맞힌 것이 된다. 상담자는 '아무도 알아주지 않는 또 하나의 자신을 이 사람은 알고 있다.'는 인상을 받는다.

사람은 겉으로 드러나지 않는 자신의 고민이나 모순을 이해해 주는 누군가가 나타나주기를 바란다. 그래서 평소에는 감추고 있는 내면적인 이야기를 토로하고 만다. 상담자 스스로가 콜드리더에게 정보를 제공하게 되는 것이다.

사이비 점쟁이에게 속지 않기 위한 간단한 방법이 있다. '아예 반응을 하지 않는 것'이다. 리딩이 시작되면 포커페이스를 유지한다. 알아맞혀도 고개를 끄덕이지 않고 빗나가도 얼굴에 드러내지 않는다. 아무 말 하지 않고 오직 콜드리더의 이야기를 듣기만 한다.

콜드리더는 리딩 중에 아무렇지도 않게 질문을 해나간다. '질문을 질문으로 느끼지 않게 하는 교묘한 방법'으로 묻는다. 그 테크닉에 관해서는 3장에서 설명하는데 이러한 탐색 질문에도 대답해서는 안 된다.

예를 들면 이렇게 물었을 때도 대답하지 말고 생긋 웃으면서 잠자코 듣기만 하면 된다.

"손금에는 물하고 관련해 안 좋은 일이 있는 걸로 나오는데, 짐작가는 거 있어요?"

"내가 말하기 전에 먼저 당신이 읽은 것을 전부 가르쳐주세요."

이렇게 하면 어떤 콜드리더라도 완전히 두 손 들게 된다. 매우 추상적이고 애매한 리딩밖에 할 수 없게 되기 때문이다.

'뭐야, 정말 그런 것으로 먹혀?' 하고 생각할 것이다. 하지만 '절대로 반응하지 않겠다.'고 결심하고 도전해도 숙련된 콜드리더에게 걸리면 자신도 모르게 응답해버리게 된다. 콜드리더가 그렇게 되도록 유도하기 때문이다.

양면성의 또 다른 비밀

지금부터 하는 이야기는 조금 충격적일 수도 있다. '인간의 양면성이 그런 상황에도 반영되다니!' 하고 놀랄 수도 있기 때문이다.

1장의 전형적인 콜드리딩 사례에서 콜드리더는 상담자의 친구인 다카시에 대해 상당히 설득력 있는 리딩을 하고 있다.

"그런데, 당신 친군데…… 그러니까…… 안경을 끼고…… 조금 통통한 남자…… 오른쪽 가르마, 그러니까 오른쪽 이마가 나오게 가르마를 탔어요…… 그리고……."

"다카시요?"

"그래요, 다카시. 다카시는 섬세함이 약간 부족해. 목소리도 크고. 하지만 외향적이고 성격이 밝아서 사람하고 부딪치는 일을 하고 있군…… 영업이나 선생님 같은……."

처음 만난 상담자에 대해 알아맞히는 것만 해도 신기한데, 그 친구에 대한 것까지 어떻게 적중시킬 수 있을까? 앞서 말했듯이 인간에게는 양면성이 있다. 두 가지 상반되는 면이 마음속에서 갈등하고 있다. 그리고 그 어느 한쪽이 표면에 드러나고 다른 하나는 마음속에 가라앉아 있다. 나라는 존재의 전체적인 균형을 유지하기 위해서 무언가가 두드러지게 되면 반드시 그에 상반되는 것들이 생긴다.

그와 같은 이치로, 사람은 친구를 선택할 때 마치 거울에 비추듯 자신과 반대되는 속성을 가진 상대를 고른다. 무의식적으로 어느 한쪽으로 치우친 자신의 성향을 바로잡기 위해서다. 그래서 소극적인 사람은 자신을 이끌어줄 만한 상대를 선택한다.

그렇다. "어떤 사람의 친구를 묘사하는 데는 그 사람과 전혀 반대되는 성격이나 용모를 묘사하는 테크닉이 필요하다."

이 상담자는 분명 안경을 끼지 않았고 마른 체격에 왼쪽 가르마를 탔을 것이다. 그리고 섬세한 느낌에 목소리가 작고, 소극적이었을 것이다. 게다가 그 전에 읽은 정보에서 ○○사의 엔지니어라는 것을 알았기 때문에 사람을 상대하기보다는 컴퓨터나 기계를 다루는 일을 할 것이다.

이러한 속성의 전혀 반대되는 것을 묘사하기만 해도 상담자의 친구에 대해 상당히 많은 부분을 명중시킬 수 있다. 물론 전부 명중한다고는 할 수 없다. 사람은 그렇게 기계적으로 친구를 사귀지는 않기 때문이다. 하지만 한두 개라도 알아맞히면 셀렉티브 메모리의 원리가 작용해 상담자를 놀라게 만들기에는 충분하다.

또 콜드리더는 조금씩 묘사를 하면서 상담자의 안색과 반응을 살펴

 긍정적인 거짓말 콜드리딩

며 리딩을 계속해 간다. 따라서 '조금 틀렸다.' 하는 분위기면 쉽게 그
것을 눈치 챌 수 있고, 또 그 실수를 보충할 만한 테크닉도 갖고 있다.

친구뿐만 아니라 애인이나 배우자에 대해서도 이 원리를 활용할 수
있다. 콜드리더에게는 매우 초보적인 테크닉이지만 모르는 사람한테는
놀라서 뒤로 벌렁 넘어질 정도의 효과가 있다.

사이비 종교와 불륜과 선물 사기의 공통점

남에게 깜빡 속아 넘어갈 때, 속는 사람은 이 사람의 말이 '정말' 이기를 바라는 심리 상태가 된다.

질병이나 사고로 아이를 잃은 부모에게 사이비 종교 교주가 '이 아이는 아직 죽지 않았다. 반드시 살아난다. 이 유체를 살아있는 아이라 여겨라.' 하고 말했다고 하자. 그 부모는 어처구니없는 말이라는 것을 알면서도 '그것이 정말이라면 얼마나 좋을까?' 하고 생각한다.

그리고 사랑하는 아이를 잃은 사실을 받아들이지 못하고 그 교주의 말에 의지해 미라가 될 때까지 유체를 방치하고 큰돈을 사이비 교단에 쏟아 부었다고 하자. '그런 말에 속다니 어리석다.' 고 간단히 말할 수 있을까?

어리석기 때문에 그 말을 믿은 것이 아니라 그 거짓말이 정말이기를 바랐기 때문에 믿은 것이다.

'아내와는 곧 헤어질 거야.' 라고 말하는 남자와 불륜의 사랑에 빠진 여성이 있다고 하자. 그런데 아무리 시간이 지나도 헤어질 기미가 보이지 않는다. 주위 사람이 보면 속은 것이 뻔한데도 본인은 남자의 말을 철썩같이 믿는다. '너, 머리가 어떻게 된 것 아냐?' 하고 친구는 어이없어 한다.

그러나 머리가 비정상이라서 믿은 것이 아니라 '그 거짓말이 정말이기를 바랐기 때문에' 믿은 것이다.

어떤 상황에서든 속는 사람은 그 거짓말을 믿고 싶어진다. 나도 젊었을 때 남에게 속은 경험이 있다.

그 당시 나는 큰돈이 필요했는데, 마치 그 타이밍을 기다렸다는 듯이 선물先物 거래를 하는 악덕업자가 나타났다. 거품 경제가 절정이었던 시기였기 때문에 많은 사람들이 주식이나 땅으로 재미를 보았던 시대다. 그의 영업 이야기를 들으면서 나는 그 '그럴듯한 이야기'에 흥미를 갖기 시작했다.

그런데 무심코 그가 입고 있던 셔츠의 소매로 눈이 간 순간, 소매에 있어야 할 단추가 떨어져 나가고 없는 것이 아닌가. 나는 '어? 그런 돈벌이 정보를 알고 있는 사람이 이런 단추가 떨어진 셔츠를 입고 있다니 이상하다?' 하고 생각했다. 그래서 조금은 시큰둥해졌는데, 결국 나는 그 의심에서 눈을 돌려버렸다. 알고도 속은 것이나 다름없다. 바로 '그 거짓말이 정말이기를 바랐기 때문' 이다. 인지부조화Cognitive dissonance 이론을 군이 이야기하지 않아도 인간은 합리적인 존재가 아니라 합리화하는 존재임을 알 수 있다.

상대가 눈치 채지 못하도록 '추켜세운다'

콜드리딩에서는 더욱 교묘하고 섬세한 형태로 이 거짓말이 활용된다.
다음의 예를 살펴보자.

> "당신은 사람에 대해 마음의 문을 닫아버리는 면이 있는
> 데, 그건 도움이 안 돼. 사실은 애정도 많고, 사람을 즐겁게 해
> 주는 매력을 갖고 있는데 그걸 다 보여주고 있지 않아."

이 리딩은 매우 자연스럽게 들리지만, 사실은 주도한 계략으로 이
루어져 있다.
우선, 직접적으로 '당신은 애정이 많고, 사람을 즐겁게 해주는 매력
을 갖고 있습니다.' 하고 말하면 듣는 사람은 어떨까? '그런 입에 발린
소리에는 안 넘어간다.'고 생각할 것이다.
그런데 '당신은 애정이 많고 사람을 즐겁게 해주는 매력을 갖고 있

지만 그걸 다 보여주고 있지 않다.' 라고 말하면 그것은 결코 추켜세우거나 입에 발린 소리가 아니다. 장점을 충분히 활용하지 못하고 있다는 말을 한 것뿐이니까.

아직 잠자고 있다고는 하지만 자신이 애정이 많고 매력적인 사람으로 평가되는 것은 기분 좋은 일이다. 그렇게 되면 당신은 그 잠재적인 장점을 겉으로 드러내려고 할 것이다.

콜드리더는 '당신은 사람에 대해 마음의 문을 닫아버리는 면이 있다. 그래서 장점이 다 발휘되지 않고 있다.' 라고 말하기 때문에 당신이 그 장점을 살리기 위해서는 '사람에 대해서 마음을 열어야만 한다.' 는 것이 된다.

이렇게 해서 당신은 무의식중에 콜드리더에게 쉽게 마음을 열고 만다. 콜드리더는 바로 이 점을 노린다. 콜드리더의 목적은 리딩에 대해서 처음에는 약간 회의적이었던 당신을 긍정적인 자세를 갖도록 하는 데 있다.

그래서 콜드리더의 의도대로 당신이 긍정적인 자세로 바뀌었다면

그렇게 된 가장 큰 이유는 '당신은 애정이 많고 매력적이어서 누구나 당신과 있으면 마음이 편해진다.'라는 거짓말, 즉 추켜세우는 말을 믿고 싶기 때문이다.

사이비 종교, 불륜, 선물 사기의 사례와 똑같은 원리가 여기에도 숨어 있다. 언뜻 단순해 보이는 문장 속에도 이런 목적이 담겨 있다는 것은, 콜드리딩을 모르면 쉽게 눈치 챌 수 없다.

'보통 사람보다 ~하다'라는 덫

사이비 영적능력자가 즐겨 사용하는 리딩 테크닉은 다음과 같은 단 한 마디다.

> "당신은 보통 사람보다 뛰어난 영적인 힘을 갖고 있습니다."

흔히 사람들은 '이 말이 정말이면 좋겠다.'고 생각한다. 그러면 이렇게 생각하도록 만드는 요소가 이 문장의 어디에 있을까?

원래 영적능력자나 점쟁이를 찾아가는 사람은 영적인 세계를 믿을 테고, 속으로는 '사실은 나에게도 그런 능력이 있을지 모른다.'고 자부한다. 만약 반신반의한다 해도 믿고 싶은 마음이 전혀 없지는 않을 것이다.

그래서 그런 능력을 가진 사람이 '당신은 영적인 힘을 갖고 있다.'
고 말하면 기분 좋은 것은 물론, 그 말이 정말이기를 바랄 것이다.

이 트릭의 중요한 점은 '이 리딩을 상담자는 부정할 수 없다.'는 점
에 있다. 왜 부정할 수 없을까? 다시 한 번 이 문장을 검토해 보자.

"당신은 보통 사람보다 뛰어난 영적인 힘을 갖고 있습니다."

어떻게 부정할 수 있겠는가. 왜냐하면 '자신에게 영적인 힘이 있는
지 평가할 수 있는 자는 영적인 능력을 가진 사람뿐'이기 때문이다.
'내게 그런 힘은 없다.'고 말한 시점에서 '그런 판정을 할 수 있는 자신
은 영적인 힘을 갖고 있다.'는 것을 인정한 것이 되기 때문이다. 실로
교묘하지 않은가.

또 여기서 '보통 사람'이란 누구를 특별히 가리키지 않는다. '보통
사람'은 개념상으로는 존재할 수 있어도 실제로는 존재하지 않는다. 존
재하지 않는 사람과 어떻게 비교하라는 걸까?

콜드리더의 리딩은 계속된다.

"예를 들어, 당신이 어떤 사람을 생각하면 그 사람한테서 전
화가 걸려온다거나…… 그런 식으로 상대의 파동을 감지하는
경우가 있을 거예요."

이것도 셀렉티브 메모리 효과의 영향 때문인지도 모른다. 사람의
머릿속에는 하루에 5만 개의 '생각'이 떠오른다고 한다. 우리는 어떤

특별한 의도 없이 하루에도 몇 번씩 이 사람 저 사람에 대한 생각을 한다. 그리고 대개 그 사람한테서 전화가 걸려오는 일은 없다. 그래서 그 사람을 생각했다는 것조차 잊어버린다. 그런데 우연히 그 사람한테서 전화가 걸려왔을 때는 강렬하게 그 인상이 남아, 그 사람한테서 전화가 걸려올 것을 예지했다고 생각하게 된다.

어쩌면 정말로 상대의 파동을 느낀 것일지도 모른다. 그런 일이 실제로 있을 수도 있지만, 나는 아직 모르겠다. 다만 여기서 말할 수 있는 것은 '어떤 사람을 생각했더니 그 사람한테서 전화가 걸려왔다.'는 경험은 누구에게나 있다는 것이다. 당신한테도 그런 경험이 있을 것이다. 따라서 이 리딩은 누구에게든 명중한다. 그러나 듣는 사람은 '당신에게는 영적인 힘이 있다.'는 이 경험이 리딩을 뒷받침한다고 생각한다. 그래서 '자신에게도 영적인 힘이 있다.'고 믿으면 그 상담자는 콜드리더의 영적인 리딩을 긍정적으로 받아들인다.

이렇게 해서 콜드리더는 상담자를 리딩에 참가시킨다. 사소해 보이지만 원래 사람의 마음을 움직이는 것은 늘 이렇게 사소한 것에서 시작한다. 상사의 사소한 한마디에 일에 대한 의욕이 사라지고, 애인의 사소한 행동 하나에 백년의 사랑도 차갑게 식어버린다.

숙련된 콜드리더는 이 '사소한 것'을 차곡차곡 쌓아가는 것이 얼마나 큰 힘을 갖고 있는지 잘 알고 있다. 단지 속는 사람이 모를 뿐이다.

최면요법과 콜드리딩

1장에서 설명했듯이 콜드리딩의 테크닉은 최면요법의 기법과 매우 비슷하다. 콜드리딩의 테크닉을 최면요법식으로 표현하면 '마음을 열기 위한 간접 암시'라고 할 수 있는데, 최면요법에서도 이와 같은 원리를 이용해 상대의 심리를 유도한다. 예를 들어, 상담 의뢰인을 최면상태로 유도한다고 하자. 고전적인 최면요법에서는 다음과 같이 직접적으로 명령한다.

"당신은 최면에 빠져듭니다."

그러나 현대의 최면요법에서는 다음과 같은 방식으로 말한다.

"최면에 들면 당신은 보호받는 느낌을 받습니다. 또 안심하게 되며 기분이 편안해집니다."

이 말은 상담 의뢰인에게 명령으로 들리지 않는다. '최면에 들면 어떻게 된다.'는 것을 설명하고 있을 뿐이다. 그러나 상대의 마음은 다음과 같이 유도된다.

'보호받는 느낌을 받고 안심하게 된다고? 거기에다가 기분까지 편안해진다니⋯⋯ 그런 기분을 느끼고 싶어⋯⋯ 어떻게 하면 그렇게 될 수 있을까? 그래, 최면에 빠지면 되는 거야.'

이런 방법을 통해 의뢰인은 누구의 명령에 의해서가 아닌, 스스로 최면상태에 빠지게 된다. 다른 사람의 명령을 받는 것이 아니기 때문에 반발이나 저항은 일어나지 않는다.

이와 같은 방법을 '간접 암시' 또는 '회화적 최면 유도' 기법이라고 한다. 이 기법은 앞에서 설명한 콜드리딩의 원리와 같다.

'보호받는 느낌, 안심할 수 있는 편한 기분을 느끼고 싶으면 최면에 걸리면 됩니다.' 하고 말했다면 어떨까? 완전히 뉘앙스가 다르다. 명령하는 식이 되어버리고 만다. 상담자는 '하지만 어떻게 해야 최면에 걸릴 수 있는지 모른다.' 고 느낄 것이다.

예를 들어, '잠을 자야 한다.' 고 생각할수록 눈이 말똥말똥해지는 것처럼 최면도 의식해서 되는 것이 아니다. 따라서 명령이 아닌 상담자 자신이 '최면에 들면 되는 거야.' 하고 간접적으로 공상할 수 있도록 유도할 필요가 있다. 그렇게 하면 무리 없이 최면상태가 될 수 있다.

콜드리딩에서도 마찬가지로 '애정이 많고 매력적인 사람으로 보이고 싶으면 마음을 여세요.' 하고 말하면 상담자는 마음을 열기는커녕 오히려 반발할 것이다. 이렇게 직접적으로 명령하듯이 말하기보다 다음과 같이 유도해야 한다. '내게 아직 개발되지 않은 그런 장점이 있구나…… 그걸 썩히는 건 아까운 일이지…… 어떻게 하면 그걸 활용할 수 있을까? 그래, 마음을 열면 되는 거야.' 하는 공상이 상담자의 마음속에 펼쳐지도록 유도하면 상담자는 콜드리딩에 대해서 상당히 긍정적이 된다.

3

누구나 사용할 수 있는
콜드리딩 테크닉

3장에서는 콜드리딩의 구체적인 테크닉을 검증한다. 이 콜드리딩 테크닉은 누구나 배울 수 있다. '난 콜드리더가 될 마음이 없다. 다만, 속지 않기 위해 그 기법을 알고 싶은 것뿐이다.' 하고 생각하는 사람도 있을 것이다. 그러나 단순히 지식이 있는 것만으로는 숙련된 콜드리더에게 휘둘리게 될 가능성이 높다. 절대로 속지 않으려면 직접 콜드리더의 테크닉을 익힐 필요가 있다. 콜드리딩 테크닉은 비즈니스, 연애 등 모든 인간관계에서 활용될 수 있으므로, 대인관계에서 확실히 리드할 수 있는 강력한 커뮤니케이션 기술, 콜드리딩 테크닉을 배워보자. 설명에 앞서 카툰을 통해 1장에서 예로 든 전형적인 콜드리딩 사례를 다시 한 번 떠올려보자.

어? 그걸 어떻게 아셨죠?
혹시… A회사 계세요?
큰일을 할 손금이 예요. 하지만 요즘 새로운 생각이 있으시네…

하하- 맞아요 시나리오를 생각하고 있죠. 시나리오도 리듬감이 중요하죠!
뭔가 창조적인… 음악인가? 리듬감이 느껴져요

맞아요! 어릴적에…
동물을 무서워하는 것같아!
그래서 모든 일에 겁이 많아 졌나봐요.
하지만 용케 넘겨요! 과거 다 지난 과거 잖아요!

어…! 그걸 어떻게?
정리못한 사건이 있네요? 오래된 달력도…

자신의 과거를
함부로 다뤄서는
안돼요!
그렇군요!
당장 치워야
겠어요.
당신친구
말예요 안경
쓰고…
아! 정이
말이죠?
당신의 변신을
가로막을지도
모르지만. 힘내요
당신의 인생은
당신꺼 잖아요!
용기를
내세요!
머지않아
소중한 만남이
당신에게 올거예요.
기회를 놓치지 마세요!
아~!
그래요?
누굴까?
흠!
뭔가 다른
사람인거같아!
이 사람~.

경험은 그다지 다르지 않다

사람은 누구나 남과 다른 특별한 인생을 살고 있다고 생각하기 때문에 자신만의 고민이 있다고 여긴다. 그러나 실제로는 대개 비슷한 고민을 하고 비슷한 경험을 한다. 그래서 성별이나 직업, 나이에 상관없이 그 사람이 대충 어떤 상황에 있는지 판단할 수 있다.

예를 들어 30대 샐러리맨의 경우는 어느 정도 직장생활에 익숙해지면서 회사에 강하게 불만을 느끼기 시작할 때다. 또 '나라면 더 잘할 수 있다.'는 자신감도 생긴다. 장래를 생각하면서 '이대로 이곳에 있는 것이 좋을까?' 하는 의문도 가질 것이다. 독립이나 전직을 결심한다면 바로 이때다. 그런 사람에게는 다음과 같은 리딩을 한다.

"당신은 지금 본인의 능력을 충분히 활용할 수 없는 환경에서 일하고 있네요. 꼭 나쁜 일도 아니고 보람도 있고, 또 주위의 기대도 받고 있어요. 하지만 결정적으로 상사가 문제군요. 그 상사는 당신의 가능성을 충분히 이해할 수 있는 그릇이 못 됩니다. 만약 전직이나 독립을 생각하고 있다면 결단의 시기가 가깝다고 할 수 있습니다."

　　상담자의 입장에서 보면 '자신이 듣고 싶었던 말'을 콜드리더가 한다. 그래서 효과적인 리딩이 되었다고 할 수 있다.

　　또 40대 전반의 남성이라면 이제까지의 인생을 뒤돌아보고 많은 것을 느낄 시기다. 직업에서도 전직을 경험했을 가능성이 있고 체력적으로도 슬슬 나이를 느끼기 시작할 때다. 40대 전반이라는 인생의 전환점에서 느끼고 경험하는 것은 남들과 그다지 다르지 않다. 따라서 리딩은 다음과 같이 하면 된다.

"지금까지 앞만 보고 왔기 때문에 육체적으로 피곤할 겁니다. 인간이란 몸이 지치면 자신도 모르게 나쁜 쪽으로 생각하게 마련이죠. 얻은 것보다는 잃은 것이 많다고 느낄 거예요. 신념을 갖고 일해왔던 것에도 '정말 잘한 것일까?' 하는 의문이 생기기 시작하죠? 하지만 당신의 선택은 틀리지 않습니다. 아니, 아주 옳은 선택을 해왔어요."

이런 애매한 리딩에도 상담자는 자신이 짐작하는 사실을 결부하면서 듣기 때문에 '딱 내 이야기'라고 착각하게 된다. 이처럼 리딩의 재료가 될 만한 것, 즉 누구나 체험했을 만한 것을 리딩으로 하는 것을 '스톡 스필Stock Spiel'이라고 한다. 스톡은 '축적하다'라는 뜻이고, 스필은 '미리 암기해 외우는 문장'이라는 뜻이다.

누구나 스톡 스필을 사용하고 있다

2장에서 바넘 효과에 대해 이야기했는데, 그때 학생들에게 나눠준 진단결과 리포트도 스톡 스필이라고 할 수 있다. 콜드리더 중에는 전화나 메일, 편지로 리딩을 하는 사람이 있는데, 그들은 주로 스톡 스필을 활용한다. 상담자와 직접 만나지 않아도 최소한의 정보로 어느 정도는 적중시키기 때문이다.

상담자를 직접 만나 리딩을 할 경우에도 이야기의 실마리를 찾을 수 없거나 리딩이 막힐 때 암기해 둔 스톡 스필로 적당히 그 상황을 넘긴다. 빗맞는 일은 별로 없지만 물론 그것만으로는 큰 효과를 줄 수 없다. 스톡 스필에 대한 상담자의 반응을 보면서 조금씩 범위를 좁혀간다. 조금 더 구체적인 리딩으로 이어가는 것이다. 1장에서 예로 든 전형적인 콜드리딩 사례에서도 스톡 스필이 사용되고 있다.

“그런데 당신 방에…… 뭔가, 으~음, 앨범에 정리하지 않은
사진이 있나? 식구들 모르게 상자 안에 넣어둔 채 그대로 있
는…….”

“네, 있어요. 학생 때 찍은 사진인데 늘 정리해야지, 생각만
하고…….”

“집에 가면 우선 그것부터 정리해. 꼭이야. 자신의 과거를 함
부로 다뤄선 안 돼요. 그리고 아, 오래된 달력이 그대로 있네.
이건 안 되는데.”

이와 같은 사례는 나이나 성별에 관계없이 누구에게나 명중할 확률
이 높다. 대부분의 사람이 앨범에 아직 정리하지 않은 사진을 갖고 있
고, 언젠가 정리해야지 하면서도 손대지 않은 채 과자상자 같은 곳에
넣어두곤 한다. 당신도 그럴 것이다. 또 한두 해 지난 달력도 이미 쓸모
없지만 버릴 기회를 놓쳐 그대로 둔 경우가 많다. 사람에 따라서는 달
력의 사진이 마음에 들어서 해 지난 달력을 그대로 걸어두는 경우도 있
다. 그런 경우에는 더욱 강렬한 명중이 된다. ‘내 방 안을 원격투시 당
했다!’ 하고.

이러한 스톡 스필의 예는 수없이 많다.

매달 받아보다가 구독을 취소한 잡지가 방에 놓여 있다. 몸에 오래
된 상처 자국이 있다. 고장 난 시계를 수리하지 않은 채 갖고 있다. 오
래 전 복용했던 약을 버리지 않고 갖고 있다. 삐걱거려 잘 열리지 않는

서랍이 있다.

상담자가 여성이라면 짝을 잃어버린 귀걸이의 한쪽을 버리지 않고 갖고 있을 것이다. 또 구입하고 한 번도 입지 않은 옷이 옷장 안에 잠자고 있다. 옛날에는 길었던 머리를 지금은 짧게 잘랐다 하는 등의 스톡 스필은 명중할 확률이 높다.

스톡 스필의 리딩 사례①

'이시이 씨의 책에 쓰여 있는 건 전부 딱 내 얘기예요!' 하고 말하는 사람이 있다. 나는 일반적인 이야기를 쓴 것뿐인데 그 사람한테는 '내 이야기'로 생각된 모양이다. 그 정도는 보통이다. 개중에는 '그 문구는 나에 대한 사랑의 메시지죠?' 하고 말하는, 착각도 이만저만이 아닌 사람도 있다.

사람은 누구나 자기 자신을 가장 좋아한다. 남의 이야기는 그저 따분할 뿐이다. 그래서 일반적인 이야기를 들으면서도 그것을 자신의 인생에 맞춰 이해한다. 사람에게는 그런 면이 있다. 그렇기 때문에 스톡 스필이 효과가 있는 것이다.

스톡 스필의 리딩 사례를 몇 가지 소개해 보면 다음과 같다.

"당신은 학교에 다녔을 때보다 사회생활을 하면서 많은 공부를 하고 있어요. 도움이 되지 않는다고 생각하는 것에는 전혀 흥미를 갖지 않아요. 그런 반면에 본인에게 필요하고 의의 있는 것이라고 생각하면 열심히 파고들면서 공부합니다. 진정한 의미의 노력가라 할 수 있어요."

자신의 결점을 긍정적으로 봐주거나 스스로 깨닫지 못한 장점을 발견해 주는 사람에게는 호감이 가게 마련이다. 학창시절에 공부를 별로 잘하지 못한 상담자에게는 이러한 리딩이 상당히 효과적이다. 공부를 못했다는 결점 속에서 '도움이 되지 않는 것에 쓸데없이 에너지를 쓰지 않고 정말 의미 있는 것을 공부한다.'는 장점을 발견해 주고 있기 때문이다.

또 상담자는 스스로 자신이 노력가라고 생각한 적이 없는데 콜드리더는 '진정한 의미의 노력가'라고 추켜세운다. 그런 콜드리더에게 나쁜 감정이 들 리 없다.

그런데 '학생일 때보다 사회생활을 하면서 훨씬 열심히 공부한다.'는 리딩은 누구에게나 명중한다. 사회에 나가면 매일매일의 생활 자체가 공부이기 때문이다.

스톡 스필의 리딩 사례②

"솔직히 말하면 지금 당신의 운세가 최고라고는 할 수 없어요. 본인 뜻대로 되지 않는 일이 몇 가지 있을 겁니다. 금전적인 문제도 없다고는 할 수 없네요. 하지만 운은 상승세에 있습니다."

원래 모든 것이 뜻대로 잘되는데 리딩을 받는 사람은 거의 없다. 사람들은 고민이 많고 적음에 상관없이 어떤 고민이 있기 때문에 콜드리더를 찾아온다. 따라서 이 리딩은 거의 확실하게 명중한다.

'본인 뜻대로 되지 않는 일이 몇 가지 있을 겁니다.' 세상에 모든 것이 완벽하게 자기 뜻대로 되는 사람이 있을까?

'금전적인 문제도 없다고는 할 수 없네요.' 부자들도 나름대로 돈에 대한 문제는 있을 것이다. 즉 금전적인 문제는 누구에게나 있다.

'운은 상승세에 있습니다.' 운이 바닥으로 떨어지기만 할까? 빠르던 늦던 지금의 나쁜 상황에서 벗어나 상승할 게 뻔하다.

고민을 가진 사람이 '앞으로 더욱 나빠질 것이다.' 하는 말을 듣고 싶어서 상담을 받으러 오진 않는다. 상담자에게는 '앞으로는 좋아진다.'고 말해주는 사람이 필요하다. 상담자가 듣고 싶어하는 말을 해주는 것은 콜드리딩의 기본 중의 기본이다.

스톡 스필의 리딩 사례③

"당신은 보통 사람보다 정이 많아요. 그래서 남을 잘 배려합니다. 그런데 때로는 그게 상대에게 전해지질 않고, 본인의 예상과 완전히 뒤틀어져 버릴 때도 있습니다. 당신은 지금 인간관계에 문제가 있네요."

2장에서 '보통 사람은 존재하지 않는다. 그러니까 비교할 수 없다. 비교할 수 없으므로 부정도 할 수 없다.' 하는 이야기를 했다. 여기서도 그 트릭이 사용되고 있다. '당신은 정이 많다.' 는 말을 들어서 기분이 나쁠 사람은 없다. 그리고 사람은 누구나 '나는 평균보다 낫다.' 라고 생각한다. 콜드리더는 인간의 이런 심리를 잘 파악하고 있다. 냉혹하고 제멋대로인 사람도 자신은 평균보다는 정이 많다고 믿는다. 만약 상담자의 결점을 언급할 필요가 있을 때는 '그래도 평균보다는 훨씬 나은 편이에요.' 하고 덧붙여주는 센스를 잊어서는 안 된다.

'인간관계 문제' 라고 말하는데, 어떤 고민이든지 인간관계가 얽히지 않는 일은 없다. 그래서 '인간관계 문제' 라는 말을 들으면서 상담자는 현재 자신의 실질적인 문제에 끼워 맞추기 시작하는 것이다.

콜드리더만이 아니다. 테라피스트나 카운슬러도 스톡 스필을 자주 사용한다. 인간이 가진 고민이나 느낌이 대략적인 것일수록 일반적인 범주에서 벗어나는 일은 없다. 그래서 테라피스트든 카운슬러든 의식하지 못하는 사이에 자기 나름대로의 스톡 스필을 만들어 사용하게 된다.

콜드리딩에서 스톡 스필은 생선회에 곁들여 나오는 채소와 같다. 콜드리딩으로 명중해도 상담자가 놀랄 만큼의 효과는 없다. 접시 위에 생선회만 놓여 있으면 그 고마움을 모르는 법이다. 생선회를 돋보이게 하기 위해서 질 좋은 채소가 필요하듯이 콜드리딩에도 스톡 스필은 꼭 필요하다.

자, 이제부터는 서서히 콜드리딩 기법의 핵심으로 들어가 보자.

대부분의 사람에게 효과적인 스톡 스필의 예

- 지금까지 당신의 인생은 받기보다는 주는 쪽이었어요.

- 요즘에는 이전보다 먹는 양이 줄었는데도 쉽게 살이 찌죠?

- 당신은 타고나기를 아무리 애써도 나쁜 사람은 못 됩니다.

- 당신은 절대 남에게 쉽게 속는 사람은 아닌데, 아직 잘 알지 못하는 것에는 긍정적이군요.

- 당신은 자신에 대해 지나치게 엄격한 면이 있어요.

- 믿었던 사람에게 배신당한 경험이 있군요. 그 이후로 전보다 사람을 대하는 데 아주 신중해요.

- 누군가 지금 당신을 질투하는 것 같아요. 혹시 짐작 가는 거 없어요?

- 지금 당신은 경제적으로 약간 문제가 있는데, 그렇다고 본인이 대처할 수 없을 만큼 큰 것은 아니에요.

스톡 스필은 상당히 애매하고 대략적이다. 그래서 스톡 스필의 정확도를 높여 명중시킬 만한 방법을 찾아야 한다. 상담자의 외모로 타입을 나눠 각각의 타입에 맞는 리딩을 사용하면 좀더 효과적인 리딩을 할 수 있다.

알기 쉬운 예로, 상대의 혈액형이 A형이라는 사실을 알았다면 '무신경한 사람을 보면 짜증이 나죠?' 혹은 '당신은 무척 꼼꼼한 성격입니다.' 하고 말하면 쉽게 맞출 수 있다. 물론 실제로 혈액형이 콜드리딩에 사용되는 경우는 거의 없다.

정신분석학자 칼 융Carl Gustav Jung의 성격 타입론에 바탕을 둔 성격 검사법 MBTIMyers Briggs Type Indicator나 체형으로 허약형, 운동가형, 비만형 타입으로 나누는 셸던William H Sheldon의 기본체형Somatotype 이론을 사용하는 콜드리더도 많다.

이 책에서는 내가 테라피에서 활용해 온 타입 분류를 소개한다. 인간을 Me타입과 We타입으로 나누는 것인데, 두 가지 타입뿐이라서 리딩에 쉽게 활용할 수 있을 것이다.

지금부터 설명하는 Me타입과 We타입은 남캘리포니아의 최면 테라피스트인 존 카파스John Kappas가 만든 E/P타입 이론에 바탕을 두고 있다. 나는 오랫동안 이 E/P타입 이론을 테라피에 활용해 왔는데, 실천하는 과정에서 독자적으로 발견한 것들도 있다. 특히 겉모습으로 E/P타입으로 나누는 노하우나 신체적인 특징에 대해서는 카파스의 이론에서 벗어나는 부분이 많았다. 그래서 혼란을 피하기 위해 타입의 호칭을 E/P 타입에서 Me/We 타입으로 바꿨다. 카파스의 저서를 번역한 것으로는 〈왜 '노력하는 사람' 일수록 성공하지 못할까? For seminars or additional information or products contact〉가 있다.

Me타입은 자기 실현의 카리스마

Me타입은 '나'를 기준으로 생각하고, 느끼고, 행동한다. 자기 주장이 강하고 냉철할 뿐만 아니라 자신이 결정한 것을 확실하게 실행해 나가는 타입이다. 반면 이기주의적이고 까다로우며, 차갑다. 또 어떤 생각을 하는지 알 수 없는 부정적인 인상을 주기도 한다.

많은 사람과 어울리기보다는 마음에 드는 몇몇 사람과 깊이 오래 사귀는 타입이다. 운동이나 취미, 일도 혼자 하는 것을 좋아한다. 대개 말수가 적은 편인데 자신의 전문 분야에 대해서는 수다스러워진다. 동물을 그다지 좋아하지 않지만, 굳이 애완동물을 키운다면 개보다는 고양이를 선호한다.

전문 분야를 추구하는 경향이 높은 편이며, 그런 일이 잘 맞는 타입이다. 연구자나 변호사, 기술자, 작가, 연예인이 대표적이고, 의사의 경우에는 외과의사가 어울린다.

Me타입은 흔히 말하는 '카리스마' 기질을 가지고 있기 때문에 사람들과 친하게 사귀는 것과는 거리가 멀다. 그래서 '카리스마 변호사'는 있어도 '카리스마 간호사'는 없다.

Me타입은 일에 대한 동기 부여를 '자기 실현'에 둔다. '당신만이 할 수 있는 일이다.' '다른 사람한테는 맡길 수 없다.' 하고 자존심을 세워주면 일에 대해 적극적으로 달려든다. 반대로 '간단한 일이니까 부탁해.' 하고 말하면 소극적이 된다.

We타입은 주위를 즐겁게 만드는 박애주의자

We타입은 '우리'를 기준으로 생각하고, 느끼고, 행동한다. 사귀기 쉽고, 붙임성이 있을 뿐만 아니라 누구와도 친구가 될 수 있는 타입이다. 모두에게 호감을 주지만, 나쁘게 말하면 자기 의견이 없고, 다른 사람의 영향을 쉽게 받으며, 주체성이 부족하고, 감정의 기복도 심한 편이다.

주변의 분위기를 파악하지 못해 눈치 없는 사람으로 평가되기도 한다. 또 그런 일이 생기면 사람과의 거리 조절에 고민하게 된다. 조화를 중요시하는 타입이기 때문에 인간관계에 대한 고민이 많고 그것으로 심각해지기도 한다.

We타입은 교사나 간호사, 영업 등 사람을 대하는 일에 종사하는 사람이 많다. 사람들과 어울리거나 어려운 사람에게 힘이 되기를 좋아하고 그런 일에 어울린다. 애완동물은 고양이보다는 개를 선호하지만 동물을 전반적으로 좋아하는 편이다.

We타입은 일에 대한 동기 부여를 '봉사' 에 둔다. '우리가 뒤에 있으니까 걱정할 것 없다.' '당신 덕분에 모두에게 큰 도움이 되었다.' 하는 말을 들으면 일에 대한 의욕도 커진다. 반대로 '스스로 생각해서 해봐라.' 하고 일을 맡기면 불안해서 능력을 발휘하지 못할 때가 많다.

외모로 Me / We타입을 구분하는 방법

Me타입은 사람과 같이 있을 때 무의식적으로 상대를 자신의 왼쪽에 두려고 한다. Me타입은 자신의 왼쪽이 '긴장을 풀고 안심할 수 있는 쪽'이기 때문에 그쪽에 사람을 두고 싶은 것이다. 반대로 자신의 오른쪽은 '불안해 긴장하기 쉬운 쪽' 이다. 따라서 오른쪽에 사람이 있으면 긴장하고 때로는 무서워한다. 그래서 오른쪽에 사람이 있는 것을 싫어한다.

We타입은 Me타입과 반대로 상대가 자신의 오른쪽에 있어주길 바란다. 그래서 오른쪽에 사람이 있으면 안심한다. We타입은 오른쪽이 안심할 수 있고,

긴장을 풀 수 있고, 마음을 열 수 있는 쪽이다. 왼쪽은 긴장하기 쉽고 불안한 쪽이다.

사람은 가방을 어깨에 멜 때 자신이 긴장하는 쪽의 어깨에 메는 경향이 있다. 그쪽에 가방을 메면 자신을 지킬 수 있다고 생각하는 것이다. 그래서 습관적으로 오른쪽에 가방을 메면 Me타입, 왼쪽에 메면 We타입이다.

발목이나 손목을 삐는 부상도 Me타입은 우반신右半身이 많고, We타입은 좌반신左半身이 많다. 옷장에 발가락을 부딪쳐 눈물이 찔끔 날 만큼 아플 때도 Me타입은 주로 오른발, We타입은 왼발일 때가 많다. 서 있을 때도 Me타입은 오른쪽 다리에 힘을 주고, We타입은 왼쪽 다리에 중심을 둔다.

윙크를 할 때 Me타입은 오른쪽 눈을 감고, We타입은 왼쪽 눈을 감는다. 걸을 때도 타입에 따라서 팔을 흔드는 정도가 다르다. Me타입은 오른팔을 왼팔보다 약간 작게 흔든다. 우반신이 긴장하고 있어서 오른쪽을 자신도 모르게 경계하고 있기 때문이다. We타입은 반대로 왼팔을 작게 흔든다.

양손을 깍지 낄 때에도 Me타입은 오른손의 엄지가 위로 올라가고 We타입은 왼손의 엄지가 위가 된다.

또 Me타입과 We타입은 가마의 소용돌이 모양이 서로 반대다. Me타입은 위에서 보았을 때 시계 도는 방향이고, We타입은 시계 반대 방향인 경우가 많다. 그래서 가르마를 보면 타입을 알 수 있다. 가마의 소

용돌이 모양, 즉 머리카락의 흐름에 따라서 머리를 가르면 Me타입은 왼쪽 이마가 나오고, We타입은 오른쪽 이마가 나오게 된다. 물론 머리 스타일은 얼마든지 바꿀 수 있기 때문에 그것만으로 판단할 수는 없지만 관찰 포인트의 하나는 될 수 있다.

이처럼 Me타입과 We타입은 그 특징이 마치 거울에 비춘 것처럼 서로 반대이다. 91~92쪽의 표를 보고 자신은 Me/We 타입 중 어느 타입에 가까운지 판단해 보자.

 긍정적인 거짓말 콜드리딩

Me/We타입의 특징

	Me타입	We타입
장점	리더십이 뛰어나고 책임감이 있으며 머리가 좋다.	협조적이고 트집을 잡지 않으며 애정이 많다.
단점	이기적이고 냉담할 때가 많으며 소심하다.	감정의 기복이 심하고 의존적이다.
사고방식	논리적이다.	정서적이다.
혼자 있는 시간	절대 필요하다.	가끔 필요하다.
교우관계	적다.	많다.
말투	직접적이고 사무적이다.	완곡한 표현을 주로 사용한다.
이해방식	상대 말의 또 다른 면을 읽는다.	상대의 말을 직접적으로 받아들인다.
행동방식	이해한 후 행동하고 실천한다.	행동하고 실천하면서 이해한다.
적극성을 갖게 하는 표현	당신만이 할 수 있다. 도와달라.	당신도 할 수 있다. 우리가 뒤에 있다.
다른 사람의 조언	원하지 않는다.	원한다.
메일 · 전화	필요한 만큼만 사무적으로 한다.	사소한 관심부터 시작해 마지막에 용건을 말한다.
어울리는 직업	엔지니어 · 변호사 · 전문기술직 등의 특수기능직	교사 · 간호사 · 영업 등 사람과 부딪치는 직업
일에 대한 동기 부여	자기 실현	봉사
가정과 일	일이 우선이다.	가정이 우선이다.
자녀	그다지 좋아하지 않는다.	좋아한다.
애완동물	고양이를 선호한다.	개를 선호한다.
좋아하는 책	소설	논픽션
운동	개인 경기	단체 경기
음료	커피	차
연애 · 섹스	자극적인 것을 좋아하고 에너지를 발산시킨다.	일체감을 느끼고 싶어한다.
블랙 조크	의외로 무감각	상처입기 쉽다.
부상을 당하기 쉬운 쪽	우반신	좌반신
장(腸)의 상태	설사 증세가 있다.	변비 증세가 있다.

Me/We 타입을 구분하는 방법

	Me타입	We타입
상대와 같이 서 있을 때	상대를 자신의 왼쪽에 둔다.	상대를 자신의 오른쪽에 둔다.
가르마	왼쪽 가르마(왼쪽 이마가 드러난다) 왼쪽 귀를 기울인다.	오른쪽 가르마(오른쪽 이마가 드러난다) 오른쪽 귀를 기울인다.
시선	(본인이 봤을 때) 왼쪽으로 많이 움직인다.	(본인이 봤을 때) 오른쪽으로 많이 움직인다.
혼자 있는 시간	절대 필요하다.	가끔 필요하다.
걸을 때	왼팔을 크게 흔든다.	오른팔을 크게 흔든다.
가방을 들거나 멜 때	오른쪽에 들거나 멘다.	왼쪽에 들거나 멘다.
중심	오른쪽 중심	왼쪽 중심
양손을 깍지 낄 때	오른손의 엄지가 위가 된다.	왼손의 엄지가 위가 된다.
윙크	오른쪽 눈을 감는다.	왼쪽 눈을 감는다.
자리에 앉을 때	(본인이 봤을 때) 오른쪽으로 치우친 자리에 앉는다.	(본인이 봤을 때) 왼쪽으로 치우친 자리에 앉는다.
글씨를 쓸 때	글자의 오른쪽 윗부분을 올려쓰는 경향이 있다.	글자의 오른쪽 윗부분을 내려쓰는 경향이 있다.
패션	평범한 복장을 좋아한다.	화려한 복장을 좋아한다.
눈맞춤	적다 · 짧다	많다 · 길다
처음 만나는 사람과의 거리	팔을 뻗어 닿지 않는 거리	팔을 뻗으면 닿을 거리

리딩에 사용할 수 있는 Me/We타입의 특징

이렇게 두 타입을 표로 정리해 보면 그 차이가 현저하다는 것을 알 수 있다. 신체적·정신적인 특징이 Me/We타입이 완전히 다르다. 예를 들어 Me타입을 알면 We 타입은 그 반대라고 생각하면 된다.

물론 완벽한 Me타입, 100퍼센트 We타입인 사람은 없다. Me타입이지만 We타입인 면도 있고, 그 반대도 마찬가지다. 그러나 처음 만난 상황에서 리딩을 시작해야 할 경우, 완전히 짐작으로 시작하기보다 우선은 Me타입인지 We타입인지를 구분하면 실수의 위험을 절반으로 낮출 수 있다.

애인과의 거리?

우선 간단한 리딩을 해보자.

연애 문제로 리딩을 받으러 온 여성이 있다고 하자. 신체적인 특징으로 We타입일 것이라고 판단했다면, 다음과 같이 이야기를 시작한다.

"문제는 애인과의 '거리' 군요……. 말수가 적어서 뭘 생각하는지 속을 알 수 없는 사람이거든요. 이해가 되지 않아 갑자기 화가 나는 경우도 있죠? 처음에는 아주 적극적으로 대시를 했는데, 요즘에는 마음이 식은 게 아닐까 하고 불안해."

이 말은 대부분 명중한다. 2장에서 사람의 양면성에 대해 말할 때 '상담자의 친구에 대해 알아맞히기 위해서는 상담자와 정반대되는 특징을 묘사하면 된다.'고 했다. 사람은 무의식중에 자신과 반대되는 상대를 고른다. 그럼으로써 자신의 편향적인 성격의 균형을 맞추려고 한다.

애인이나 결혼 상대에 대해서도 마찬가지다. 상담자가 We타입이라면 애인은 Me타입일 가능성이 높다. 그렇기 때문에 연애나 부부관계의 문제는 대부분 Me타입과 We타입의 사고방식이나 사물에 대한 이해방식, 취미 등의 충돌에서 비롯된다고 생각하면 일단 틀리지 않다. 나는 테라피스트로서 남녀간의 문제에 대한 상담을 많이 해왔는데, Me / We의 차이로 설명할 수 없는 문제는 하나도 없었다.

We타입은 연애를 통해 '일체감'을 원하기 때문에 이 타입의 연애에 대한 고민은 우선 애인과의 '거리'라는 표현으로 커버할 수 있다.

또 '거리'는 물리적인 거리 또는 정신적인 거리로 해석할 수 있는 애매한 표현이라서 사정범위가 넓기 때문에 그만큼 명중할 확률이 높아진다. 경우에 따라서는 '맞아요! 사실은 그 사람, 다음 달부터 해외근무예요.' 하고 상담자가 놀랄 만한 명중으로 이어질 가능성도 적지 않다.

이런 애매한 리딩으로도 명중만 하면 상담자는 많은 정보를 자기 입으로 털어놓을 것이다. 여하튼 사랑에 대한 고민이다. 상담자는 말하

 ## We타입에 효과적인 스톡 스필의 예

- 당신은 누구한테나 사랑받을 타입이에요. 처음 만나는 사람과도 의외로 쉽게 친해지죠?

- 당신은 친구나 가족과 말다툼을 해도 다음날까지 가지 않아요. 아주 담백한 사람이죠.

- 당신은 행동으로 옮기는 타입이에요. 뭐든지 막상 해보면 생각보다 쉬운 법이므로 장황하게 생각하기보다는 일단 해보는 타입입니다.

- 직장에 대하기 껄끄러운 사람이 있죠? 아, 그 사람의 이미지가 떠올랐어요. 이 사람, 꽤 신경질적이고 사소한 일에 예민한 타입이네요.

- 당신은 자기 페이스로 일을 하면 실력을 발휘하는 사람이에요.

- 당신은 스트레스를 받으면 그대로 몸에 나타나죠? 고민이 있으면 뾰루지에 피부도 거칠어지고, 체중으로 바로 나타나요.

- 음, 지금 어떤 사람의 이미지가 떠올라요. 당신이 고민거리가 있으면 늘 상담하는 사람인데…….

- 왼쪽 무릎에 오래 된 상처가 있죠?

지 않고는 견딜 수 없다.

그럼 Me타입 여성의 연애 고민은 어떤 리딩으로 시작해야 할까? 예를 들어 98쪽의 스톡 스필처럼 하면 된다.

연애는 자신을 향상시켜 주는 것

"확실히 애인 사이가 가까운 관계이긴 한데, 당신은 '자립한 한 인간'으로서 자신을 존중해 주길 바랍니다. 최근 그 사람이 너무 구속한다고 느끼진 않나요?"

Me타입의 연애는 '자신을 향상시키기 위한' 것이다. 일이나 자신의 꿈을 이루기 위한 기폭제가 되어주는 것, 그것이 Me타입의 연애다. 평온이나 안정도 필요하지만 그것이 구속이나 간섭이 되면 Me타입은 마음이 불편해진다.

이 리딩에서는 그런 점을 전반적으로 커버할 수 있도록 '자립한 한 인간으로서 자신을 존중해 줬으면 좋겠다.' 하고 추상적으로 말하고 있다. 추상적이기 때문에 상담자의 구체적인 고민에 명중할 가능성이 높아진다. '구속'이라는 말도 애매해서 여러 가지 경우에 끼워 맞출 수 있다.

그러나 애매하고 추상적인 표현을 하면서도 콜드리더는 '상담자의 구체적인 고민은 처음부터 읽고 있었다.'는 태도를 취한다.

실제로는 콜드리더가 애매하고 추상적인 리딩으로 넌지시 떠보면서 상담자가 자신의 입으로 구체적인 사실을 말하도록 유도한다. 그러나 상담자의 시선에서 보면, 콜드리더가 처음부터 알아차리고 있는 것에 대해 '그 말대로예요.' 하고 확인해 주기 위해서 구체적인 고민을 말하게 된다. 절대로 스스로 정보를 준다는 느낌은 받지 않는다.

이것은 모든 콜드리딩에 통하는 매우 중요한 포인트다.

Me타입/We타입의 이야기를 하면 '인간은 그보다 더욱 복잡해서 두 타입으로 설명할 수 없다.'고 반론하는 사람도 있다.

그러나 예를 들어 남성과 여성, 달랑 두 가지 성性뿐이라고 해서 연애가 단순하다고 말할 수 있을까? 아니다. 연애만큼 복잡한 것은 없다. 우주에 로켓을 띄울 만큼 복잡한 컴퓨터 기술도 결국 0과 1의 집합에 불과하다.

Me와 We, 두 타입뿐이라서 얄팍한 분석과 표면적인 리딩밖에 할 수 없다고 생각한다면 그것은 선입관에 불과하다.

- 당신은 시간에 정확한 사람입니다. 그래서 약속 시간에 늦는 사람에게는 화가 나지요.

- 당신은 예를 들어, 청소를 해야 한다고 생각하지만 몸이 따라주질 않아요. 하지만 일단 시작하면 꼼꼼하고 철저하게 정리하는 완벽주의자입니다.

- 당신은 그룹보다는 일대일 관계를 좋아하는군요.

- 직장에 대하기 껄끄러운 사람이 있죠? 아, 그 사람의 이미지가 떠올랐어요. 이 사람은 자존심을 짓밟는, 남을 배려하는 마음이라고는 손톱만큼도 없는 사람이네요.

- 당신은 아직 자신의 능력을 다 발휘하지 못하고 있어요. 뭔가 비밀로 하고 있는 계획이 있죠?

- 돈 때문에 꼼짝 못했던 경험이 있죠?

- 당신은 사람과 말을 할 때도 상대의 이야기를 별로 듣지 않아요. 머리 회전이 빨라서 느릿하게 말하는 상대의 얘기에 짜증이 날 때도 있을 겁니다.

- 오른쪽 무릎에 오래 된 상처가 있죠?

실수를 했을 때 콜드리더는 어떻게 대처할까? 셀렉티브 메모리에서 설명했듯이 상담자는 콜드리더가 명중시킨 인상이 강하면 강할수록 실수에 대해서는 쉽게 잊어버린다. 그런데 그것뿐만 아니라 콜드리더는 실수를 파워 있는 명중으로 연결시키는 테크닉을 갖고 있다.

1장의 전형적인 콜드리딩 사례에서 콜드리더가 어떤 실수를 했는지 살펴보자.

"조금 더 자유롭고 창조적인 일을 선택했어야 했던 게 아닌가 하고. 아티스트 같은 …… 음…… 음악인가?"

"아니, 시나리오 작가가 되고 싶다는 생각은 계속 하고 있지만……."

이처럼 콜드리더는 '창조적인 일…… 아티스트……' 운운하며 조금씩 범위를 좁혀 간다. 상담자의 표정이나 반응을 관찰하면서 좁혀 가는 것이다.

콜드리더가 '창조적인 일'이라고 했을 때 상담자는 바로 긍정적인 반응을 보였다. 고개를 끄덕이거나 조금 놀란 표정을 지었을지도 모른다. 상담자의 그와 같은 반응을 명중이라고 읽은 순간 콜드리더는 '아티스트?' 하고 범위를 좁혔다. 그러자 상담자는 마음속으로 순간, '시나리오 작가도 아티스트라고 할 수 있나?' 하고 생각했을 것이다. 약간 당황한 듯 시선이 움직였다.

그것을 관찰한 콜드리더는 재빨리 '음…… 음악인가?' 하고 애매한 어투로 바꾼다.

'질문이라고 느끼지 않도록 질문하는 테크닉' 가운데 하나인 이 방법은 '묻지도 않는데 상담자 쪽에서 정보를 누설'하게 만든다.

콜드리더는 절대로 '음악인가요?' 하고는 묻지 않는다. '음…… 음악인가?' 하고 망설이는 것뿐이다. 그런데 콜드리더가 상당히 근접했으면서도 망설이는 것을 보고 상담자는 스스로 도움의 손길을 뻗어 '시나리오 작가가 되고 싶다는 생각은 계속 하고 있지만' 하고 정보를 누설하고 만다. 이런 예는 다음에서도 볼 수 있다.

"그런데, 당신 친군데…… 그러니까…… 안경을 끼고……
조금 통통한 남자…… 오른쪽 가르마, 그러니까 오른쪽 이마가
나오게 가르마를 탔어요…… 그리고……."
"다카시요?"

친구의 묘사가 적중하면 할수록 상담자는 리딩에 궁색해진 콜드리더에게 도움을 주려고 한다.

다시 '음악'이라는 실수 이야기로 돌아가자. 여기서 콜드리더는 범위의 압축에 실패했다. 그러나 그 대신에 '시나리오 작가'라는 구체적

인 정보를 얻을 수 있을 뿐만 아니라 다음과 같이 실수를 파워 있는 명중으로 연결시킬 수 있다.

여기가 중요한 부분이다. 콜드리더는 '음악'이라는 잘못된 리딩을 '음악적'이라는 리딩으로 바꿨다. '음악적인 리듬을 느꼈다. 그런데 그것이 음악 그 자체인지는 확신이 서지 않는다. 그래서 리딩에 조금 망설였다.' 하고 말하고 싶은 것이다.

또 '당신의 시나리오에는 리듬감이 있다.'고 추켜세우는 것으로 그 트릭이 드러나지 않게 하고 있다.

줌 아웃과 줌 인의 사례

콜드리더는 상담자의 반응에 따라 말의 정의를 넓히거나 좁힌다. 넓힐 경우를 줌 아웃, 좁힐 경우를 줌 인이라고 하자. 줌 아웃과 줌 인은 실수를 파워 있는 명중으로 연결시키는 테크닉 가운데 하나이다.

줌 아웃의 예를 생각해 보자.

“최근에 아주 힘든 이별을 했네요.”

“……아니, 특별히 그런 일 없는데…….”

“아, 이별이라는 게 꼭 사람과 헤어지는 것을 의미하는 게 아니라 정신적인 것과의 이별을 말합니다. 어떤 습관을 끊었다든가 하는…….”

“아아, 지난달부터 담배를 끊었는데, 그것 말인가요?”

“그래요, 그래! 아주 힘들었을 텐데, 그런데도 잘해왔어요.”

이렇게 보면 ‘힘든 이별’이라는 리딩은 상당히 넓은 요소를 커버할 수 있다는 것을 알 수 있다. 명중할 때까지 얼마든지 줌 아웃해서 의미를 넓힐 수 있는 것이다.

반대로 좁히는 경우인 줌 인의 예도 알아보자.

“인간관계에서 어려움을 겪고 있죠?”

“……아뇨, 직장에서도 그렇고 개인적으로도 지금은 아주 좋은데요. 인간

관계에는 아무런 문제가 없다고 생각하는데…….”

“그래요. 지금은 아주 잘해 나가고 있어요. 하지만 옛날에는 사람 대하는 게 아주 괴로웠던 적이 있었을 겁니다. 그렇지요?”

“이전 직장에서 상사가 하도 미워해서 지금 직장으로 옮겼어요. 그때는 정말이지 하루하루가 스트레스였어요.”

“그래요. 그걸 극복한 힘이 당신에게 느껴져요.”

이번에는 ‘시간’의 요소로 범위를 좁히고 있다. ‘인간관계에서 어려움을 겪고 있다.’는 리딩에서 ‘옛날에는 어려웠다.’는 형식으로 리딩을 줌 인하고 있다. 게다가 ‘최근에 전직했다.’ ‘이전 직장에서 상사와 문제가 있었다.’는 정보도 얻을 수 있었다.

이별, 인간관계, 두 경우 모두 마지막에는 상대를 추켜세우는 형태로 가는 것을 알 수 있다. ‘(금연을) 잘해왔어요’ 또는 ‘(인간관계의 고민을) 극복한 힘이 느껴져요.’ 하는 식으로 연결한다. 그것으로 상담자는 기분 좋게 리딩을 받을 수 있고, 콜드리더가 ‘적당히 얼버무렸다.’는 생각은 하지 않게 된다.

1장의 전형적인 콜드리딩 사례 중에서 당신은 다음 대화를 가장 신기하게 여길 것이다.

"으음, ……○○사에 다니는 사람 아닌가……?"
"아! 어떻게 아세요?"

상담자가 근무하고 있는 회사이름까지 정확하게 알아맞히는 것은 사전에 미리 조사하지 않는 한 불가능한 일처럼 여겨진다. 그런데 현실에는 이런 명중도 결코 적지 않다. 아니 콜드리더는 늘 이러한 명중을 노린다.

그 원리는 이렇다.

콜드리더는 '○○사' 라는 회사를 '짐작으로' 말하고 내기를 한 것이다. 콜드리더는 고개를 갸웃거리며 이상하다는 표정을 지으면서 손바닥을 보고 말했다는 설정을 다시 한 번 떠올려주기 바란다. 이 분위기가 매우 중요하기 때문이다.

그리고 '으음, 당신……○○사에 다니는군요.' 하고 말한 것이 아니라 '○○사에 다니는 사람 아닌가……?' 하고 말했다. 콜드리더는 부정의문문을 사용했다. 콜드리더들은 이런 부정의문문을 상담자가 부정의문문임을 눈치 채지 못하도록 자연스럽게 사용하기 때문에 나는 이 테크닉을 서틀 네거티브Subtle Negative라고 부른다.

자, 여기에서 세 가지 경우를 생각할 수 있다.

①○○사와는 전혀 관계없는 경우
②○○사는 아니지만 같은 업계인 경우
③○○사에 근무할 경우 또는 근무했던 경우

①의 경우처럼 ○○사와 전혀 관계가 없다면 상담자는 '아뇨. 그런 대기업은 아니에요.' 하고 대답할 것이다. 그때 콜드리더는 '역시'라는 표정으로 고개를 끄덕이면서 이렇게 말한다.

"그렇지. 얼마 전에 ○○사의 사원 몇명을 리딩한 적이 있었는데 그곳 사람들은 당신처럼 창조적인 손금을 가진 사람이 한 명도 없었어요. 당신은 대기업에서 그저 편하게, 노력하지 않고 일상에 안주하는 그런 타입은 아니죠."

정말이지 교묘하다. 그리고 리딩을 계속하면 된다.

명중한 것은 아니지만 실수한 것도 아니다. 오히려 '○○사가 아니에요. ××사에서 경리 일을 하고 있어요.' 하고 상대가 귀중한 정보를 흘려줄 찬스도 생길 수 있다.

②의 경우처럼 상담자가 ○○사와 같은 업계에서 일하고 있다면,

명중은 아니지만 상당히 가까이 가고 있다. 어쩌면 '같은 IT업계인데 ○○사는 아니에요.' 하고 대답해 줄지도 모른다. 그럴 때는 '역시' 하고 고개를 끄덕이면서 다음과 같이 말하면 된다.

"그렇죠? IT업계에서 활약하는 강한 파동이 느껴져요."

③의 경우처럼 ○○사에 근무하고 있을 경우 또는 이전에 근무했을 경우에는 완전한 명중이 된다. 콜드리딩 사례에서도 이렇게 연결하고 있다.

"역시. ○○사 같은 대기업에서 실력을 발휘할 사람의 손금이야. 큰 무대에서 활약할 사람의 손금."

이렇게 명중하면 상담자를 단번에 끌어당길 수 있다. 콜드리더는 리딩 여기저기에 이러한 '내기'를 여러 개 준비한다. 명중하지 않아도 문제없이 리딩은 이어지고, 우연히 명중하면 기적을 연출할 수 있기 때문이다.

'관찰력'을 키워야 콜드리딩을 잘한다

'○○사'라는 리딩 자체는 '짐작'이라고 했는데, 실제로는 상대가 갖고 있는 소지품이나 복장, 행동거지를 통해서 어느 정도는 직업의 범위를 좁힐 수 있다.

예를 들어, 증권회사 직원을 디자이너로 잘못 읽진 않을 테고, IT업계와 유통업계도 그 분위기가 상당히 다를 것이다. 대기업에 근무하는 직장인과 개인사업가도 사소한 말이나 행동에서 그 차이가 뚜렷이 나타난다.

그렇기 때문에 우리가 생각하는 만큼 이 테크닉의 명중률은 그리 낮지 않다. 한 번의 리딩 안에 이러한 파워 있는 명중이 대여섯 개 정도 계속되는 경우도 적지 않다.

인간은 자신 이외의 사람에게는 그다지 관심이 없다. 얼굴을 마주하고 이야기를 해도 실제 머릿속은 자신에 대한 생각으로 꽉 차 있기 때문에 상대를 제대로 보지 못한다. 방금 만나고 돌아선 사람이 입었던 셔츠의 무늬조차 확실하게 기억하지 못한다. 그렇기 때문에 의식적으로 관찰력을 키우면 마치 셜록 홈즈와 같은 기적적인 명중이 가능하다.

다음 리딩을 보자.

"하하하, 당신은 요즘 남자치고는 보기 드물게 집에서 큰 소리치고 사시는군요. 아내가 당신 넥타이를 매주는 영상이 상담자는 마치 아내와 둘이 있는 상황을 들킨 것 같아 큰 충격을 받고 놀라움을 금치 못한다. 그러나 콜드리더에게 이 방법은 매우 초보적인 리딩이다. 이 리딩의 원리는 간단하다.

처음 만나는 사람을 보면 우선 그 사람의 넥타이 매듭을 보는 습관을 갖자. 매듭은 역삼각형이다. 그 역삼각형의 아래쪽 부분은 오른손잡이일 경우 그 사람의 오른쪽 방향으로 틀어져 있다. 왼손잡이인 경우에는 아랫부분이 왼쪽 방향을 향하고 있다.

콜드리더는 상담자의 몸짓에서 그가 오른손잡이라는 것을 관찰했다고 하자. 그런데도 넥타이 매듭이 왼쪽 방향으로 기울어져 있었다면, 이 모순은 바로 '누군가 다른 사람이 넥타이를 매주었다.'는 것을 뜻한다.

물론 아내가 아니라 애인일 수도 있다. 그 경우에는 상담자의 표정에서 일순 당황하는 기색을 보고 눈치 챌 수 있다. 콜드리더는 기다렸다는 듯이 다음과 같이 이어갈 것이다.

"아, 잠깐…… 아내가 아니네…… 아내보다 젊은 여성인 것 같은데요…… 역시, 이 사람…… 당신 애인이네요!"

이렇게 되면 실수는커녕 경악할 만한 리딩을 연출할 수 있다. 상담자는 갑자기 애인의 존재를 들킨데다 그 애인이 넥타이까지 매준 것을 '투시' 당한 것이 되기 때문이다.

콜드리딩을 하다 보면 관찰력이 키워지고 리딩이 정확해진다. 아이러니하게도 경험을 쌓는 중에 관찰력과 직관력이 키워지고 최종적으로 진정한 리딩 능력이 생겨 '순수한 영적능력자'로 직업을 바꿔버리는 콜드리더가 있을 정도다.

서틀 네거티브의 예

- ~ 는 아니지요?

- 사람들이 ~라고 하지 않나요?

- ~에 짐작 가는 거 없어요?

- ~인 것은 당신을 말하는 게 아닌가요?

- ~인 건 내 기분 탓인가…….

- ~인 것은 이제까지는 없지요?

- ~인 것은 모르고 있죠?

서틀 네거티브는 한마디로 허세를 명중으로 연결시키는 것이다. '~'의 부분에 명중시키고 싶은 리딩을 넣는다. 예를 들어 '당신, 왼손 잡이는 아니죠?' 하는 식으로 하면 된다. 물론 서틀 네거티브는 고개를 갸웃거리면서 '잘 모르겠지만' 하는 분위기로 말해야 한다. 이미 봐왔 듯이 명중하면 상당히 힘있는 리딩이 되고, 명중하지 않아도 '그렇군 요' 하고 고개를 끄덕이면 실수를 했다는 인상을 주지 않고 슬쩍 흘릴 수 있다.

서틀 네거티브의 사례

서틀 네거티브는 상당히 강력한 도구다. 다음 예를 살펴보자.

> "설마 고양이를 키우진 않죠?"
> "앗! 어떻게 아세요? 고양이, 키워요!"

우연히 상담자가 고양이를 키웠을 경우에는 명중이 된다. 자신에 대해 알아맞혔다고 놀란다. 만약 고양이를 키우지 않을 경우라도 같은 질문을 명중으로 연결할 수 있다.

> "설마 고양이를 키우진 않죠?"
> "아뇨, 고양이는 별로 좋아하지 않아요."
> "그래요, 당신은 고양이를 좋아하지 않는데, 그런데 이상하게 고양이의 영향이 느껴져요. 가까운 사람 중에 고양이를 아주 좋아하는 사람이 있을 텐데……."
> "아, 네. 여동생이 고양이를 세 마리나 키워요!"

'가까운 사람'이라는 매우 애매한 표현을 하고 있는데, 상담자 주위에 고양이를 키우는 사람이 한 명 정도는 있을 것이다. 꼭 형제가 아니라도 친구일 수도 있고, 아파트 옆집에 사는 사람으로 해석할 수도 있다.

상담자 주위에 고양이를 키우는 사람이 전혀 없는 경우에도 이렇게 말하면 된다.

"아뇨, 주위에 고양이를 키우는 사람이 전혀 없는데요."

"그래요?……그런데 고양이의 느낌이 강하게 오는데…… 뭔가 짐작 가는 거 없어요? 예를 들어 고양이처럼 집념이 강한 인물이라든가……."

"아, 직장 동료 게이코일지도 모르겠어요. 나를 질투해서 꼭 뒤에서 싫어하는 말과 행동으로 난처하게 만들거든요."

"역시! 그 게이코라는 여성이 당신의 문제의 원인이 되고 있어요."

이것은 이미 설명한 줌 아웃과 같이 쓰는 기술이다. 단순히 '고양이'에서 '고양이처럼 집념 강한 사람'으로 의미를 확대함으로써 명중 가능성을 노린다. 결과적으로 상담자가 게이코라는 동료 때문에 마음 고생을 하고 있다는 사실을 상담자 자신의 입을 통해 끌어낼 수 있었다.

그런데 이 상담자는 리딩 후에 '그 점쟁이는 내가 회사에서 게이코 때문에 마음 고생한다는 것까지 알아맞혔어!' 하고 믿게 되고, 사람들에게도 그렇게 말을 퍼뜨린다.

왼손잡이 실험의 비밀

서틀 네거티브를 처음 배웠을 때는 나도 설마 이런 것에 속는 사람이 있을까 하고 의아해했다. 그런데 실제로 해보니 그 효과는 상상 이상이었다.

간단한 예를 들어보자. 예전에 수십 명을 상대로 실험해 본 것이다. 개인적으로 처음 보는 여성을 만날 기회가 있으면 반드시 고개를 갸웃거리면서 알 수 없다는 표정으로 이렇게 묻는다.

"저기…… 왼손잡이는 아니지요?"

대개의 경우 상대는 아무런 저항 없이 '아뇨, 오른손잡인데요.' 하고 대답한다. 그렇게 대답할 경우, 나는 고개를 끄덕이면서 '그렇군요' 하는 말만 한다. 그 후에는 평범한 대화를 나눈다.

'왜요?' 하고 되묻는 사람은 거의 없었는데, 만약 그렇게 물어도 '아뇨. 요즘 만나는 사람이 신기하게 전부 왼손잡이였어요. 설마 오늘 만나는 사람은 아니겠지 해서…….' 하고 대답하면 이후에는 자연스럽게 대화가 흘러간다.

그런데 우연히 상대가 왼손잡이였을 경우, '앗! 어떻게 아셨어요?' 하고 절규하는 사람이 대부분이다. 특히 여성들은 명중했을 때 큰 반응을 보이기 때문에 나는 여성에게만 이 실험을 한다. 아무튼 이쪽이 당황할 정도로 크게 반응한다. 의자에서 벌떡 일어나 질린 표정으로 도망쳐버린 여성도 있었다.

지금도 기억에 남는데, 그 여성은 지금은 오른손잡이가 되었지만 이전에는 왼손잡이였다고 한다. '그런 옛날 일까지 알아버리다니 무섭다!' 하고 느낀 것이다. 그런 옛날이 어떤 옛날인지, 물론 내가 알 까닭이 없지만.

서틀 네거티브를 사용하지 않고 조금 더 대담하게 '짐작'으로 리딩을 해나가는 방법도 있다. 예를 들어 '사람의 이름을 알아맞히는 리딩'은 미국이나 유럽에서는 자주 사용된다.

> "당신의 인생에서 가장 소중한 사람이 보입니다…… 이름이 희미하게 떠오르는데……존이라는 이름이에요. 짐작 가는 거 없나요?"

존이라는 이름은 비교적 흔한 이름이므로 명중할 확률은 높을 것이다. 그러나 만약 상담자가 그런 사람이 없다는 듯이 머뭇거리면 이렇게 말한다.

> "잠깐…… 희미해서 잘 보이지 않는데…… 존스? 아니, 조슈인가…….'"

발음이 비슷한 이름, 예를 들어 상담자가 소중히 여기는 인물 가운데 제임스라는 이름을 가진 사람이 있다면 그것은 명중으로 연결되어, 상담자를 놀라게 할 수 있다.

이니셜을 사용할 때도 있다.

"뒤에서 당신의 일을 방해하는 사람이 있어요. 이니셜이
보입니다…… 아, 이건 …… M이네요……."

이렇게 말하면서 상담자의 얼굴색을 살핀다.

콜드리더는 M을 즐겨 사용한다. M으로 시작되는 이름이 많기 때문
에 명중할 확률은 높다. 또 뒤에서 방해하는 사람을 말하는 것이므로
그 사람이 누가 되든 상관없다. M이라는 말을 듣고 신뢰하고 있는 친구
메어리라고 떠오른다고 해도 리딩에 모순은 없다. 그래서 명중할 확률
은 더욱 높아진다.

그러나 만약 이 시점에서 반응이 좋지 않으면 다음과 같이 이어나
가면 된다.

"아, 잠깐…… 위아래가 뒤집혀 보이는 걸지도 몰라요. W
일 수도 있는데…… 아니, 뒤집힌 게 아냐…… 그런데 M이 아
니라 N…… 그래, N이에요."

이 문장만 보면 우스꽝스럽게 생각될지 모르지만, 모든 것은 연출
된 것이기 때문에 콜드리더가 진지할수록 상담자도 M 또는 W, N에 맞
는 인물을 자기 주위에서 찾으려고 한다. 2장에서도 말했듯이 상담자
를 끌어들여 리딩에 참가시키기 때문이다.

이름을 맞히는 리딩은 일본에서도 가능하다. 일본어로 리딩을 하는

데 알파벳이 나오는 것 자체가 부자연스러울 수도 있지만, 일본어의 50음도로는 그 숫자가 너무 많아서 명중할 확률이 낮아진다.

그래서 흔히 다음과 같은 방법을 쓴다.

“당신을 뒤에서 지켜주는 여성이 있습니다. 이름이 희미하게 보이는데…… 세 글자인데…… 흔한 이름은 아니에요…….”

“아카네인가요?”

“그래요, 아카네. 아는 사람 중에 아카네라는 이름을 가진 사람이 있나요?”

“네, 돌아가신 할머니 이름이에요.”

“할머니가 틀림없군요.”

실제로 콜드리더는 무엇 하나 읽어낸 것이 없다. ‘세 글자의 흔하지 않은 이름’이라고 넘겨짚었을 뿐이다. 하지만 콜드리더는 ‘처음부터 ‘아카네’라는 중요한 이름을 읽었다. 다만, 희미해서 확신이 없었기 때문에 확인했다는 자세를 취하고 있다. 이 점이 중요하다.

이런 연출이 있기 때문에 대담하게 ‘아는 사람 중에 아카네라는 이름을 가진 사람이 있나요?’ 하고 콜드리더가 질문을 해도 그것이 정보를 끌어내기 위한 것이란 걸 눈치 채기 어렵다.

서틀 퀘스천의 사례 ①

이처럼 '질문임을 깨닫지 못하게 질문하는 테크닉'을 나는 서틀 퀘스천Subtle Question이라고 한다. 1장의 전형적인 콜드리딩 사례에도 이 서틀 퀘스천이 있다.

> "……사실은 아까부터 당신의 기억이 내 안에 들어와 있는 데…… 동물을 아주 무서워하는 모습이 보여…… 짐작 가는 거 없어요?"

분명 이것도 질문이지만, '옛날에 뭔가 무서운 경험을 하지 않았어요?' 하는 질문과는 성질이 다르다. '동물을 무서워하고 있다.'는 상황을 콜드리더 측에서 제시한 후 짐작 가는 것이 없냐고 확인만 하는 것처럼 들리기 때문이다.

실제로 동물을 무서워한 경험은 누구에게나 있다.

이처럼 누구에게나 있을 법한 상황을 말한 후에 '짐작 가는 거 없어요?' 하고 묻는 것으로 상담자의 구체적인 체험을 들을 수 있다. 이것이 서틀 퀘스천의 기법이다.

몇 가지 다른 예를 들어보자.

'옛날 당신의 기억이 내 안에 들어왔는데…….' 하고 말한 후에 그 이미지에 집중하는 연기를 하면서 이렇게 말한다. 그러면 상담자의 과거를 자연스럽게 끌어낼 수 있다.

> "교실에서 당신은 선생님에게 칭찬을 받고 있어요. 모두가 주목하자 조금 부끄러워하는 당신이 보입니다…… 뭐, 짚이는 것 없나요?"
> "당신은 전혀 잘못한 일이 없는데 오해를 받아 누군가에게 심하게 혼이 나고 있어요. 충격이 커서 오해를 풀려는 기분도 들지 않는 것 같군요…… 짐작 가는 거 없어요?"

여기서 가장 중요한 것은 콜드리더가 '상담자가 그 체험을 떠올리기 전에 그 체험을 읽었다. 다만, 이미지가 희미해서 확인했던 것이다.' 하는 태도를 취하는 데 있다.

'짐작 가는 거 없어요?' 하는 질문이 정보를 끌어내기 위한 트릭이라는 것을 눈치 채는 사람은 거의 없다.

서틀 퀘스천의 사례②

일반적으로 점은 손금, 타로, 주역, 수정, 룬스톤(룬은 '비밀'이라는 뜻을 가진 게르만족의 표음문자로 룬스톤은 예언이나 제비뽑기를 목적으로 룬 문자를 돌에 새긴 것), 진자, 별자리 등을 사용한다. 영감으로 리딩을 할 경우에도 상담자의 오라Aura를 보거나 수호령 교신을 하는 것처럼 어떠한 '도구'가 사용된다.

이러한 준비 도구를 콜드리더는 '미디엄Medium' 또는 '시스템System'이라고 부른다. 사실 이 미디엄이 콜드리딩에서 중요한 역할을 한다.

타로를 미디엄으로 사용한 예를 살펴보자.

"오호~, 이거 아주 흥미로운데. '태양'의 카드가 거꾸로 나왔어요. 이것은 '집안싸움' 그러니까 '내분'을 의미하는 카드인데…… 왜 지금 이 카드가 나왔지? 뭐 짚이는 거 없어요?"

"내분이요? 아, 사실은 본사와 문제가 생겼는데, 제 실수에서 비롯되어서…… 그걸 말하는 건가요?"

"역시. 여기 '금화 에이스'가 나온거 보니 돈에 얽힌 실수였군요."

"네. 주문 기계를 이중으로 발주해서, 그 손해의 경비를 어느 쪽이 지불하느냐 하는 것으로 험악한 상황까지 갔었어요."

이 경우에는 리딩의 애매함을 미디엄 탓으로 돌리고 있다. 그럼으로써 미디엄을 해석하는 과정에 상담자를 자연스럽게 끌어들이고 있다. 그래서 '짚이는 거 없어요?' 하는 서틀 퀘스천을 위화감 없이 사용하는 것이다.

미디엄의 해석 과정에 참가시키면 상담자의 정보를 끌어낼 수 있다. 이 사례에서도 '내분'이라는 키워드만으로 의심받지 않고 많은 정보를 얻을 수 있었다.

만약 '내분'이라는 것에 대해 상담자가 짐작 가는 것이 전혀 없었다면 어땠을까? 그런 경우에도 그것은 '상담자가 자신의 체험과 카드를 연결시키지 못한 것'에 불과하다. 미디엄이나 콜드리더가 그 신빙성을 잃는 것은 아니다.

또 콜드리더의 리딩이 완전히 틀렸어도 그 실패를 '콜드리더가 미디엄을 적절히 해석하지 못한 것'으로 전가시킬 수 있다. '해석하지 못했다.'는 것과 '리딩이 틀렸다.'는 것은 완전히 뉘앙스가 다르다.

콜드리더는 미디엄을 구실로 해 자신의 신빙성을 지킬 수 있다.

♡ 서틀 퀘스천의 예

- ~인 것은 왜죠?
- ~의 의미를 알겠어요?
- ~라고 하면 무엇을 말하나요?
- ~에 짐작 가는 것 없나요?
- ~라는 것은 맞습니까?
- ~에는 뭔가 중요한 의미가 있나요?
- ~인 것은 왜일까?

서틀 퀘스천은 질문하지 않는 척하면서 질문을 하는 기법이다. ‘~’ 의 부분에 질문하고 싶은 항목을 넣는다. 예를 들어 ‘결혼하고 싶어요?’ 하고 묻고 싶다고 하자. 직접적으로 질문해서는 리딩으로 명중시키기가 쉽지 않다. 그래서 ‘결혼하고 싶다고 생각하는 것은 왜죠?’ 하고 묻는다. ‘왜’ 를 물은 것뿐, ‘결혼하고 싶어 한다.’ 는 것은 명중시킨 것이 된다. 만약 ‘결혼하고 싶은 마음 없는데요.’ 하고 부정하면 ‘손금에는 그렇게 나와 있는데, 내 해석이 잘못 됐나?’ 하고 미디엄의 책임으로 전가한다.

과거나 현재의 일을 알아맞힐 뿐이라면 '사전에 조사해 두었을지도 모른다.' 는 의심을 하게 된다. 그러나 미래에 일어날 일을 예언해, 훗날 그 예언이 적중했다면 어떨까? 콜드리더에 대한 신뢰도 깊어질 것이다. 미래를 예언하고 그것을 적중시켰다고 믿게 하는 기법을 나는 서틀 프리딕션Subtle Prediction이라고 한다.

1장의 전형적인 콜드리딩 사례에서도 콜드리더는 마지막에 다음과 같은 예언을 하고 있다.

> "그리고 머지 않아서 한동안 연락이 끊겼던 사람에게서 갑자기 연락이 올 거예요. 그 사람을 소중히 하는 게 좋아."

이런 말은 적중할 확률이 매우 높다. 예언의 사정범위가 매우 넓기 때문이다.

먼저 '머지 않아서' 란 언제를 말하는 건지 살펴보자. 이번 주일 수도 있고, 몇개월 후가 될지도 모른다. 소식이 끊긴 지 30년이나 된 사람과 수년 안에 연락이 이뤄졌다면 그것도 '머지 않아서' 라고 말할 수 있을 것이다.

그런 의미에서 이 예언이 빗맞는 일은 절대 없을 것이다. 여하튼, '한동안 연락이 끊어졌던 누군가' 로부터 연락이 올 것이기 때문이다.

예를 들어 '동창회 모임' 이라면 아무리 소원해도 5년에 한 번 정도는 연락이 올 것이다. 만약 그런 연락이 없다고 해도 그것은 단순히 아직 '머지 않아서'의 때가 되지 않은 것일 뿐이다.

사실 우리가 특별히 의식하지 않을 뿐이지 '한동안 연락이 없었던 사람'에게서 연락이 오는 일은 일상에서 자주 일어나고 있다. 나의 경우만 해도 이번 주에 오랫동안 연락하지 못했던 세 명의 사람에게서 메일을 받았다.

다음으로, '한동안 연락이 끊겼던 사람' 이라는 말에서 '한동안' 이라는 것 역시 그 사정범위는 매우 넓다.

친한 친구도 일주일 정도 전화가 없으면 '한동안 연락이 없었다.' 고 말할 수 있다. 그런 경우라면 분명히 며칠 안에 연락이 있을 테니까 간단히 명중할 것이다.

또 이 리딩에서는 '한동안 연락이 끊겼던 사람으로부터 갑자기 연락이 올 것이다.' 라고 말한다. 그런데 '연락' 이란 무엇일까? 전화, 메일, 연하장, 결혼이나 이사를 알리는 엽서일 수도 있고 길에서의 우연한 만남일 수도 있다. 따라서 이것도 사정범위가 매우 넓다.

이와 같이 예언의 사정범위를 넓히는 방법으로 명중할 확률을 높이는 것이다. 콜드리더는 이런 방법으로 리스크가 낮은 리딩을 할 수 있다.

사람들은 일상생활에서는 콜드리더의 예언만을 생각하지는 않는다. 대개는 잊고 지내게 마련이다. 그래서 명중하는 일이 찾아오지 않아도 빗나간 것을 눈치 채지 못한다. 그러나 '뭔가' 가 예언의 리딩에 명중했을 때, 비로소 '아, 그 예언이 맞았구나!' 하고 의식하게 되지만 그런 일이 없으면 의식조차 하지 않는다. 여기서도 셀렉티브 메모리가 한 역할을 맡고 있는 것이다.

⚡ 서틀 프리딕션의 예

- 머지 않아 ~가 있을 겁니다.
- 앞으로 ~는 좋아질 거예요.
- ~가 일어날 텐데, 당신은 전혀 신경도 안 쓰고 있죠?
- A씨가 당신에게 비밀로 ~를 할 겁니다.
- 이번 주 안에 B라는 사람과 우연히 만나게 될 겁니다.
- 슬슬, 당신과 가까운 사람이 ~할 겁니다.
- 부디 ~에 조심하세요.

서틀 프리딕션은 미래를 예언했다고 믿게 하는 기술이다. '~'의 부
분에 '예언'을 넣는다. 위의 예로 든 틀에 끼워 맞추면 사정범위가 넓
어 명중하기 쉽고 실수를 해도 실수를 했다고 증명할 수 없다. 또 상대
에게 긍정적인 것이기 때문에 좋은 평가도 얻을 수 있다.

실수 없는 예언

다음은 서틀 프리딕션의 또 다른 사례이다.

"당신은 전혀 눈치 채지 못할 수도 있는데, 같은 직장에 당
신을 사랑하는 여성이 있어요. 지금까지 여러 번 고백하려고
했는데, 겁이 나서 못한 것 같아요. 다음주 발렌타인데이 때는
꼭 하겠다고 마음먹고 있을 거예요."

이번에는 사정범위가 좁아지면서 상당히 구체적인 리딩을 하고 있
다. 그러나 여기에는 교묘한 트릭이 숨어 있다.

콜드리더는 상담자를 보고 꽤 인기 있을 남성이라고 생각했을 것이
다. 발렌타인데이 때 고백받을 가능성이 높아 보인다. 그렇다면 명중이
다.

그러나 이 서틀 프리딕션의 속임수는 다른 곳에 있다. 상담자를 짝

 긍정적인 거짓말 콜드리딩

사랑하는 그 여성은 '지금까지 여러 번 고백하려 했지만 겁이 나서 하지 못했다.'고 했다. 이 말은 이번에도 초콜릿을 준비해 고백할 결심으로 발렌타인데이를 기다렸지만 결국 겁이 나서 도망쳤다는 상황도 충분히 있을 수 있다는 것이다.

그리고 그녀가 겁을 내고 도망쳤다고 해도 상담자는 그것을 알 도리가 없을 것이다. 즉 상담자는 예언이 빗나간 것을 확인할 수 없다.

콜드리더가 한 예언의 타당성을 판정할 수 있는 것은 '명중했을 때뿐'이다. 다시 말해서 실수는 일어날 수 없다. 다른 예를 들어보자.

"당신이 싫어하는 사람이 있군요. 그런데 그 사람도 당신에게 원한을 품고 있어요. 다음 주 금요일에 어떤 복수를 계획하고 있는 것 같습니다. 내가 힘껏 나의 기를 당신에게 보내 당신을 보호하겠지만 당신도 조심하세요."

만약 다음 주 금요일 즈음에 누군가가 기분 나쁜 말과 행동을 했거나 일에 문제가 생겼다면 명중이다. 그런데 그런 일이 전혀 없이 금요일이 지나가고 평온한 주말을 맞았다면 어떨까? 불안감을 조성한 예언이었던 만큼 아무 일도 없었던 것에 안심하고, '그 영적능력자 덕분에 아무 일도 생기지 않았다.'고 생각할 것이다. 그렇지 않다고 해도 리딩이 빗나갔다는 것은 증명할 수 없다.

이 리딩도 명중했을 때만 확실히 그 진위를 알 수 있기 때문이다.

서틀 프리딕션을 단계적으로 반복한다

앞에서도 말했지만 악의가 있는 콜드리더는 신뢰를 확립하는 데 충분한 시간을 들인다. 마지막에 '바가지를 씌울 수 있겠다.'고 노리는 것이 크면 클수록 시간을 들인다. 한 콜드리더가 상담자 열 명의 리딩을 했다고 하자. 모든 리딩에서 서틀 프리딕션을 사용한다. 그리고 열 명 가운데 여섯 명에 대한 예언이 명중했다고 하자. 그 여섯 명은 머잖아 다시 리딩을 받으러 올 것이다. 그리고 리딩에 또다시 서틀 프리딕션을 사용한다. 이전보다 조금은 대담한 예언을 해 보인다. 빗나갈 가능성이 높아지지만 그만큼 명중했을 때의 효과도 크다.

그 예언이 여섯 명 가운데 세 명에게 명중했다면, 그 세 명은 반드시 미래의 일을 연이어 적중시킨 콜드리더에게 상당히 빠져들 것이다.

콜드리더는 그 세 사람에게 이번에는 더욱 리스크가 높은, 대담한 예언을 한다. 그리고 그 예언이 세 사람 가운데 한 명에게 보기 좋게 명중했다고 하자.

마지막까지 남은 그 사람의 시점에서 모든 것을 생각해 보자. 세 번의 리딩을 받아 모든 예언이 적중했다. 그것도 회를 거듭할수록 한층 더 구체적인 일을 적중시켰다. 다음에 콜드리더가 말하는 예언을 믿지 않을 수 있을까? 예를 들어 콜드리더가 '이 항아리를 사지 않으면 큰일을 당하게 됩니다.'와 같은 어처구니없는 말을 했다고 해도 그말을 따르지 않을 수 없을 것이다.

일상에서
콜드리딩을 이용하는 방법

1 | 인간은 서로 교류하며 살아간다

콜드리딩 자체는 결코 반사회적인 사고방식이 아니라 사람의 심리를 교묘하게 유도하는 커뮤니케이션 기술, 즉 도구에 불과하다. 그 도구는 사용하는 사람의 목적에 따라서 사기나 엔터테인먼트가 될 수도 있고, 카운슬링이 되기도 한다.

인간은 서로 교류하며 살아간다. 따라서 콜드리딩의 기술을 통해 커뮤니케이션의 질을 향상시키는 것은 누구에게나 도움이 된다. 이 뛰어난 기술을 사기꾼이나 사이비 점쟁이들의 독점물로 하게 할 수는 없다.

4장에서는 지금까지 살펴본 콜드리딩의 사고방식과 기술이 점이나 사기와 같은 특수한 상황이 아닌, 아주 평범한 일상 속 커뮤니케이션에 어떻게 활용할 수 있는지에 대해 설명한다.

구체적으로는 다음과 같은 상황에서 응용할 수 있다.

- 상대가 듣고 싶은 것을 말해준다 : 세일즈
- 부하직원이나 동료의 적극성을 끌어내기 : 리더십
- 성공하려면 상대가 원하는 게 무엇인지부터 파악하라 : 면접
- 공통점을 찾아라 : 사교모임
- 객관적 사실과 감정을 분리하라 : 클레임 대응
- 상대를 이야기에 끌어들여라 : 프레젠테이션
- 타임 프레임을 이동시켜라 : 연애

- 처음 만나는 상대의 마음을 열게 하는 법 : 미팅
- 이모티콘 하나에도 상대의 정보가 숨어있다 : 메일

세일즈를 할 때 콜드리딩을 어떻게 응용할 수 있는지 알아보자. 영업에서는 상대의 관심을 끌어내는 것은 매우 중요하다. 특히 처음 만난 경우, 상대는 쉽게 마음을 열고 이야기를 해주지 않는다.

세일즈 대화에 콜드리딩의 기법을 끼워 넣으면 상대의 관심을 자연스럽게 이끌어낼 수 있다. 간단한 대화 사례를 살펴보자.

당신은 IT 소프트웨어 회사의 영업 사원인데, 지금 ○○물산 중견기업의 사장과 이야기를 할 기회를 얻었다.

자, 어떻게 말을 꺼낼까?

상대는 회사의 제품이나 서비스에 관한 이야기에는 전혀 흥미가 없다. 사람은 누구나 자신에 관한 이야기만 듣고 싶어하고 자신에 관한 이야기만 하고 싶은 법이다. 사람이 점쟁이의 이야기에 귀를 기울이는 것은 자신에 대해 이야기해 주기 때문이다.

콜드리딩은 상대가 듣고 싶은 것을 말해 준다. 즉 사장이 말하고 싶어하는 것에 어떻게 접근하는가가 포인트가 된다. 당신은 이상하다는 듯이 고개를 갸웃거리

면서 말한다.

“사장님, 업무쪽 소프트웨어에 문제는 없죠?” (SN)
“어, 어떻게 알았지? 그렇지 않아도 신규사업 참가에 맞춰 그쪽을 재검토했네.”

이 서틀 네거티브가 명중했을 경우, 당신은 상대의 과제를 정통으로 파악한 것이 된다. 물론 그렇게 운이 좋을 수만은 없지만 시도해 볼 가치는 충분히 있다. 이것이 빗나갔어도 실패한 것은 아니다. 다음과 같은 패턴으로 전개할 수 있으니까.

“사장님, 업무 쪽 소프트웨어에 문제는 없죠?” (SN)
“응, 특별히 문제는 없네.”
“그렇겠죠. 그럼 뭐가 문제일까……?” (SQ)
“문제라고까지 할 건 없지만, 우리쪽 인프라가 오래되어서, 첨단 테크놀러지로의 이행이 쉽지 않은 모양인데, 당시에는 그게 좋다고 해서 도입했는데 이제는 오히려 짐이라고 하니, 나 같은 아날로그 인간은 따라가질 못하겠어.”

서틀 네거티브가 빗나간 후 ‘그렇겠죠’ 하고 말한다. 이 대사는 ‘물론 사장님은 불만이 없다고 생각하는 건 알겠는데, 도저히 납득이 안

가는 것이 있다.' 하는 뉘앙스를 상대에게 전달한다.

그 뉘앙스가 있기 때문에 '뭐가 문제일까?' 하는 서틀 퀘스천이 효과가 있는 것이다.

이것은 상대에게 묻는 것이 아니다. 자신에게 하는 질문이다. 그렇기 때문에 '처음 보는 영업사원에게 일일이 우리 사정을 이야기할 줄 아냐?' 하는 반발을 갖게 할 우려는 없다.

그 결과 상대는 스스로 현재 상태의 문제를 이끌어낼 수 있게 된다. 그런데 이 서틀 퀘스천도 반드시 효과적인 것은 아니다. 다음과 같은 전개도 있을 수 있기 때문이다.

"사장님, 업무쪽 소프트웨어에 문제는 없죠?" (SN)

"응, 특별히 문제는 없네."

"그렇겠죠. 그럼 뭐가 문제일까……?" (SQ)

"문제가 있다고 하지는 않았을 텐데."

"아니, 조금 전 사장님께서 낭비를 더 줄일 수 있다고 생각하시는 것 같아서요……." (ZO) (SS)

"자네는 이해하는군. 역시 더 적은 인원으로 가능할 거야."

'문제는 없다.'고 했으므로 줌 아웃으로 범위를 넓힌다. '문제'를 '낭비를 줄인다.'는 것으로 확대 해석한다. '문제'라고 말할 만한 것은 아니어도, '지금보다 낭비를 줄일 수 있다.'는 것을 사장은 늘 생각하고 있을 것이다. 따라서 이것은 스톡 스필이라고도 할 수 있다.

'낭비를 줄인다.'는 것은 운용비용의 절감을 뜻할 수도 있고, 정보 습득에 걸리는 시간의 단축을 의미할 수도 있다. 그러나 어떤 것이든 커버할 수 있으므로 크게 걱정할 필요는 없다. 이처럼 사정범위가 넓은 '낭비'라는 말이 실마리가 되어 결과적으로 '지나치게 많은 인력이 쓰이고 있다.'는 구체적인 과제를 분명하게 할 수 있는 것이다.

여기서 한 단계 더 나갈 수도 있다.

"자네는 이해하는군. 역시 더 적은 인원으로 가능할 거야."
"사장님, 필요한 인원이 많다는 것은 그만큼 실수도 많아진다는 얘깁니다. 이것은 낭비 차원이 아니라 꼭 해결해야 할 과제입니다. 실수를 하는 것은 컴퓨터가 아니라 사람이라서…… 머잖아 시스템 때문에 생기는 문제점들이 업무에 나타날 겁니다. 특히 이 시기는 거래가 증가하기 때문에……."(ZI) (SP)

여기선 '지나치게 많은 인력'이라는 걱정에서 '실수로 이어진다.'는 좀더 구체적인 문제로 줌 인하고 있다. 줌 인함으로써 사장의 문제의식이 한층 더 현실적이 된다.

또 '머잖아 시스템 때문에 생기는 문제점들이 업무에 나타날 겁니다.' 하는 서틀 프리딕션도 들어 있다. '머잖아'라는 것은 다음 주가 될 수도 있고 3년 후가 될 수도 있다. 따라서 빗맞을 일은 절대 없다.

‘시스템 때문에 생기는 문제점’도 언제라도 일어날 수 있고, 실제로 적잖이 일어나고 있을 것이다. 지금까지 사장은 그런 것을 의식하지 않았을 뿐이다. 그러나 이 서틀 프리딕션에 의해, 예를 들어 다음 달 즈음에 어떤 ‘시스템 때문에 생기는 문제점’이 발생한다면 사장은 탁, 하고 무릎을 칠 것이다. ‘그 영업사원의 말대로다!’ 하고. 그렇게 되면 그때부터 비즈니스로 연결시키는 것은 간단하다.

이처럼 ‘사장의 관심은 업무 쪽 인원 삭감에 있다. 따라서 그런 제안을 하면 비즈니스로 이어질 가능성이 있다.’는 귀중한 정보를 짧은 시간 안에 끌어낼 수 있었다. 그뿐 아니라 ‘지나치게 많은 인원을 쓰는 것으로 문제가 생길 가능성이 증가한다.’는 문제의식을 심어줄 수 있었다.

만약 어떤 문제가 생겼을 때 당신의 ‘예언’은 적중한 것이 되고, 능력 있는 영업으로서 절대적인 신뢰를 얻게 될 것이다.

물론 현실적으로는 이렇게 마음먹은 대로 되지 않을 것이다. 그러나 콜드리딩의 기술을 세일즈 대화에 어떻게 활용하는가에 대해서는 이 간단한 사례가 잘 보여주고 있다.

부하직원이나 동료의 일에 대한 동기부여를 높일 때, 콜드리딩을 어떻게 응용할 수 있는지 살펴보자.

콜드리딩은 학교 선생님이 학생들을 지도할 때나 가정에서 자녀에게 공부의 중요성을 강조할 때도 응용할 수 있다.

일에 전혀 적극성이 없는 부하직원이 있다고 하자. 그 부하직원은 Me타입과 We타입 가운데 어느 쪽일까? 당신은 그 직원에 대해 알고 있기 때문에 외적인 특징뿐만 아니라 성격적인 측면에서도 어떤 타입인지 파악할 수 있을 것이다.

Me타입이 일에 대해 의욕을 잃었다면 자기 실현의 목표를 잃었거나, 평가(돈)에 매력이 없거나, 업무 내용에 자극 또는 도전할 만한 요소가 없기 때문이다. 어쩌면 자신이 납득하지 못하는 업무를 강제적으로 떠안았기 때문일 수도 있다.

We타입이 일에 대한 의욕을 잃었다면 자신이 도움이 안 된다고 생각하고 있거나 자신의 일에 주위 사람들이 관심을 보이지 않는다고 생각하기 때문이다. 또 격려나 위로의 말을 듣지 못하거나 업무 내용이 자신의 능력으로 커버할 수 있을지 불안감을 느끼고 있기 때문이다.

3장에서 설명했듯이 Me타입의 일에 대한 동기부여는 '자기 실현'에 있고 We타입은 '일체감'에 있다. 그와 같은 관점에서 생각하면 부하직원이 왜 일에 대한 의욕을 상실했는지, 그 원인을 읽는 데도 큰 실수는 없을 것이다.

여기서는 그 부하직원이 Me타입이었을 때를 생각해 본다.

우선, 그 직원에게 다가간다.

"자네 불만은 이해해. 다른 사람의 몇 배나 되는 일을 하는 데도 받는 월급은 거의 다르지 않잖아…… ."(ZI)

(깜짝 놀라는 표정)

"하지만 자넨 돈에 움직이는 그런 사람은 아니야. 돈보다 는 자신이 납득할 수 있는 일을 하길 원할 거야." (ZI)

“네.”

“(고개를 갸웃거리면서) ○○씨와의 문제는 아니지?” (SN)

“아셨어요?”

“알지. 그 사람 일하는 방식 중에 제일 견디기 어려운 게 뭐가 있을까?” (SQ)

“정보를 자기 혼자만 끌어안고 있어요. 덕분에 이쪽은 쓸데없는 낭비 작업이 늘게 돼죠.”

처음에 ‘불만’에서 ‘월급의 불만’으로 줌 인하고 있다. Me타입이라는 것을 의식한 리딩이다. 그러나 반응은 긍정적이지 않았다. 그래서 ‘하지만 자네는 돈에 움직이는 사람은 아니야.’로 바로 전환, ‘납득할 수 없는 불만’으로 다시 줌 인한다.

‘자네는 돈에 움직이는 사람은 아니야.’하는 말을 듣고 기분 나쁠 사람은 없다. 이것으로 앞의 줌 인의 실수를 만회할 수 있다. 또 ‘납득할 수 있는 일을 하길 원한다.’는 것은 누구에게나 말할 수 있는 것이기 때문에 그 부하직원도 긍정적으로 반응했다.

그래서 ‘○○ 씨와의 문제는 아니지?’하는 서틀 네거티브로 상대를 떠보는데, 이것이 명중해서 스태프는 마음을 열기 시작했다.

다음에는 서틀 퀘스천이다. ‘그 사람 일하는 방식 중에 가장 견디기 어려운 게 뭐가 있을까?’하고 묻는다.

우선, ‘일하는 방식’에 문제가 있다는 것을 알고 있다는 투로 말한

 긍정적인 거짓말 콜드리딩

다. 그러나 '방식'이라는 것은 그 사정범위가 매우 넓다. 다음으로, '가장 견디기 어려운 것은' 하는 말은 '그의 문제는 나도 잘 이해하고 있다 (그런데 그 중에서도 가장 심한 게 뭐더라?)' 하는 뉘앙스가 된다. 사실은 ○○씨의 어떤 점에 문제가 있는지 전혀 검토를 하지 않았지만 그렇게 연출을 하는 것이다.

당신이 이 정도나 알고 있다고 여기면 그 직원도 마음을 열고 지금까지 혼자서 끙끙댔던 불만을 털어놓을 것이다.

전직을 하거나 취직할 때의 면접에도 콜드리딩을 응용할 수 있다. 면접에서는 자신을 어필하는 것이 중요하다. 그러나 그 어필은 면접관의 요구 포인트와 맞아 떨어져야 한다. 또 어필하는 '방식'에 따라서도 결과는 완전히 달라진다.

대부분의 사람들은 '자기 타입'에 맞춰 자신의 매력을 호소한다. 상대도 같은 타입이라면 문제없지만 반대 타입일 경우에는 적극적인 어필도 역효과가 될 수 있다. 반드시 상대의 타입을 파악해 그것에 맞춰야만 한다.

상대가 원하는 표현으로 자신을 어필하기 위해서는 면접관이 무엇을 어떤 식으로 원하고 있는지를 이끌어낼 필요가 있다. 바로 콜드리딩에 딱 맞는 무대인 것이다. 우선은 상대의 타입을 파악한다. 외모를 보고 Me타입인지 We타입인지 어느 정도 예측한다.

면접관이 여러 명일 때는 Me타입으로 추측되는 사람에게 초점을 맞춰 접근하는 것이 좋다. 리더십은 Me타입에 어울리는 속성이기 때문에 Me타입이 최종적인 결정에 영향을 주는 경우가 많다. 또 면접관들을 향해 섰을 때 왼쪽에 있는 사람일수록 Me타입의 경향이 강하므로 그 점도 고려해서 판단한다. 일대일의 경우에는 상대의 타입에 맞추고, 여러 명일 경우에는 Me타입에 맞추는 것이다.

Me타입은 자기 실현을 중시하고 표현은 논리적으로 한다. 반면 We

타입은 팀워크를 중시하고, 완곡하고 정서적인 표현을 주로 사용한다. 따라서 Me타입에게는 당신의 성공하고 싶은 의지나 리더십, 독창성을 어필한다. 또 되도록이면 논리적으로 자신의 생각을 표현한다. 정서적인 단어를 지나치게 사용하면 '분위기만 내는 인간'이라는 인상을 주게 된다.

We타입에게는 팀워크, 회사와 사회에 대한 공헌, 일에 대한 의욕 등을 키워드로 하면 된다. 논리적으로 따지기보다는 감성적으로 분위기를 전달하는 표현을 쓰면 효과적이다. 주로 논리적인 표현만 사용하게 되면 '차가운 인간'이라는 인상을 준다.

면접에서 중요한 점은 상대의 타입에 맞는 내용과 표현으로 어필해야 하는 데 있지만, 항상 그런 것만도 아니다. 그러나 아무런 준비 없이 면접에 임하는 것보다 어느 정도 예상을 하고 준비하면 심리적으로도 여유가 생긴다. 틀렸다고 생각되더라도 크게 걱정할 필요는 없다. 방식을 바꾸면 되기 때문이다.

예를 들어 상대가 We타입일 거라고 예측했다고 하자. 그래서 당신은 팀워크와 같은 표현을 주로 쓴다.

"저는 팀 속에서 공헌하는 것이 좋습니다……."
"(흥미 있는 듯) 오호……."
"…… 학생시절에는 야구를 했기 때문에 서로 격려하면서 함께 노력해 목표를 이루는 것이 얼마나 멋진 일인지 경험을

통해 알고 있습니다. 개인의 능력도 전체와의 조화 속에서 나오는 것이라고 생각합니다." (ZI)

예상한 대로 상대는 흥미를 보이기 시작했다. 그래서 당신은 줌 인해 구체적으로 팀워크에 공헌할 수 있다는 것을 말함으로써 상대의 정서에 어필한다. 만약 예상이 빗나가 팀워크에 대해 반응을 보이지 않는 것 같으면 줌 아웃한다.

"저는 팀 속에서 공헌하는 것이 좋습니다……."
"(멍하니) 그래요?"
"……하지만 그보다는 팀을 이끄는 리더십이 제 장점이라고 생각합니다. 무조건 말한 대로 따르기보다는 자신의 아이디어나 생각을 적극적으로 활용해 움직이고 싶습니다." (ZO)

얼버무린 것이 아니다. 팀을 이끄는 것 역시 팀에 공헌하는 것이므로 '공헌'이라는 말을 넓게 해석한 것에 불과하다. 이것이 줌 아웃의 묘미다.

팀워크에서 리더십이나 개성, 독창

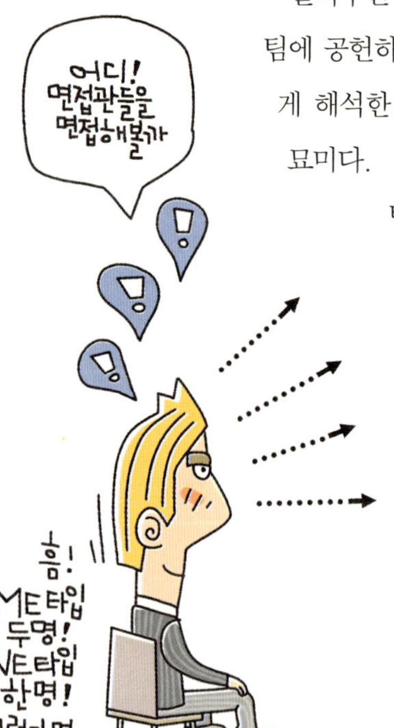

성이라는 키워드로 전환함으로써 We타입적인 접근에서 Me타입적인 접근이 된다. 정서적이고 감성적인 표현을 피하고 논리적인 표현을 사용한다. 이 사례의 후반에서는 Me타입에 어필하고 있다. '노력한다.'가 아니라 '이런 식으로 한다.'는 구체적인 관점이 Me타입에 어필할 수 있다.

다른 예를 살펴보자.

기업은 인재를 원한다. 하지만 꼭 어떤 인재를 원하는지 명확히 가르쳐주지는 않는다. 예를 들어 관리직을 모집하는 기업이 있다고 하자. 면접관은 속으로는 '되도록이면 영업 경험이 풍부한 사람이면 좋겠다.'는 생각을 하고 있지만 그것을 굳이 말로 표현하지 않는다.

그것을 알 수 있다면 자신을 어필할 때의 포인트도 명확해진다. 경우에 따라서 고개를 약간 갸웃거리면서 다음과 같이 말해보자.

“영업 경험이 풍부한 관리직을 원하시나요?” (SQ)

“어? 어떻게 알았어요? 꼭 그런 것은 아니지만 되도록이면 이공계 출신보다는 영업 출신의 관리직이 우리 체질에 맞거든요.”

“아, 역시 그렇군요. 영업력이 강한 회사라서 관리직이라고 해도 저처럼 영업 쪽에서 뼈가 굵은 인재가 힘을 발휘할 수 있을 거라고 생각했어요.”

이렇게 명중하면 상대는 숨김없이 자신들이 원하는 인재의 이미지를 말해줄지도 모른다. 이럴 때 당신은 재빨리 ‘제게 안성맞춤인 일이다.’는 것을 강조하면 된다. 이 서틀 퀘스천은 서틀 네거티브의 요소도 갖고 있기 때문에 명중하지 않았을 경우에도 똑같은 효과가 있다.

“영업 경험이 풍부한 관리직을 원하시나요?” (SQ)

“아뇨, 영업 경험도 중요하지만 사실은 프로젝트 관리자가 급하게 필요해요.”

“아, 역시 그렇군요. 모집 사항에는 없었지만 귀사처럼 급성장한 기업은 영업만 한 사람보다는 저처럼 프로젝트 매니지먼트 경험이 있는 영업을 필요로 할 거라고 생각했어요.”

“프로젝트 매니지먼트 경험도 있습니까?”

“엄밀히 말하면 프로젝트 매니지먼트라고는 할 수 없을지

 긍정적인 거짓말 콜드리딩

영업 경험으로 밀고 나가도 채용될 수도 있다. 그러나 지금 급하게
필요로 하는 인재가 프로젝트 관리 경험자라면 그쪽 측면을 어필하면
채용될 가능성은 더욱 높아질 것이다.

사소한 것이라도 그룹을 관리한 경험이 있다면 그것을 프로젝트 매
니지먼트라고 하면 된다. 결코 거짓말을 하는 것이 아니라 프로젝트 매
니지먼트라는 일을 확대해석한 것뿐이다.

모임이나 파티에서 처음 만나는 사람과 친해지려면 서로의 공통점을 찾으면 된다. 확실히 상대에게서 자신과의 공통점, 예를 들어 서로 우연히 알고 있는 사람이 있거나 같은 취미를 갖고 있다거나 출신지가 같으면 마음을 열기 쉽다.

하지만 현실에서는 그렇게 효과가 있는 공통점을 쉽게 발견할 수 없다. 결국 날씨 이야기나 주고받는 정도에서 적당히 이야기를 끝내는 경우가 대부분이다.

또 공통점을 찾겠다고 처음 보는 상대에게 갑자기 질문을 퍼부을 수도 없다. 사람에 따라서는 자신의 영역을 침범당한다고 느낄 수도 있기 때문이다. 그러나 콜드리딩의 테크닉을 사용하면 상대와의 공통점을 무리 없이 이끌어낼 수 있다.

예를 들어 상대의 이름을 전혀 들어본 적이 없어도 이렇게 시작해보자.

"○○○ 씨 이름은 어디선가 들은 것 같은데……." (SQ)
"최근에요?"
"아뇨, 그렇게 최근은 아니고……."
"으~음, 혹시 …… 제 후배 중에 그쪽 회사로 옮겨간 사람이 있는데 그 후배한테서 들은 게 아닐까요?"

"그 후배 이름이 어떻게 되죠?"

"△△△라고 하는데요."

"아아, △△△ 씨가 ○○○ 씨 후배였군요!"

물론 이 사례는 지나치다 싶을 정도로 부드럽게 이어지고 있는데, 여기서의 포인트는 당신이 공통점을 찾으려고 하지 않아도 '상대방에서 공통점을 찾기 위해 노력한다.'는 것에 있다. 서틀 퀘스천을 사용하기 때문에 상대로서도 '갑자기 속을 떠봤다.'는 인상은 받기 어렵다.

물론 이런 알기 쉬운 공통점이 나오지 않았다고 해도 상대의 정보를 자연스럽게 이끌어낼 수 있기 때문에 쉽게 공통점으로 연결할 수 있을 것이다.

"○○○ 씨 이름은 어디선가 들은 것 같은데……." (SQ)

"최근에요?"

"아뇨, 그렇게 최근은 아니고……."

"으~음, 혹시…… ○○지, 구독하세요? 6개월 전쯤에 제가 기고한 글이 실렸었는데."

"아, 거기서 봤을 수도 있겠네요. 기사 내용이 무척 인상 깊었어요. 그래서 이름이 기억에 남아 있었나 봐요."

'같은 잡지의 독자'라는 정도의 사소한 공통점은 있다. 그러나 ○○

○ 씨로서는 6개월 전 자신의 기사를 누군가가 기억하고 있다는 사실이 기분 나쁠 리 없다.

어쩌면 당신은 ○○지를 읽은 적도 없을지 모른다. 하지만 '기사 내용이 인상 깊었다.'고 하는 사정범위가 넓은 애매한 표현을 쓰면 '자신도 그 잡지를 구독하고 있다.'는 뜻을 안전하게 전달할 수 있다. 상대가 상세한 것을 물어본다고 해도 이미 '6개월이나 지난 일'이다. 기억을 못 해도 상관없다.

클레임에 대응할 때에도 콜드리딩의 기술을 활용할 수 있다.

기업은 클레임의 종류에 따라서 적절히 대응할 수 있는 매뉴얼을 준비하고 있다. 그런 의미에서는 클레임 대응 자체가 스톡 스필이라고 할 수 있다. 대개는 그 매뉴얼로 대응하겠지만, 조금 더 파고들어 클레임에 대응할 만한 힌트를 살펴보자.

객관적인 사실은 보편적이지만 '감정'은 개인적인 것이다. 대개 냉정하게 타당한 고충을 제기하는 사람은 '상품과 납기일의 문제'에 호소한다. 그러나 감정적인 클레임을 제기하는 사람은 '자기 자신'에 대해 호소한다. 다시 말해 감정을 드러내 클레임을 제기하는 사람은 정말로 호소하고 싶은 것은 상품의 결함이나 납기일 지연이 아니라 '자신의 자존심이 상처 입었다.'는 것이다.

따라서 어떤 클레임이든지 고객이 감정적이면 '객관적인 사실'만으로는 대처할 수 없으며, 객관적으로 대처하려 하면 할수록 상대의 화를 부채질하는 꼴이 된다.

이럴 때는 고객의 자존심을 추켜세워 주면 된다. 하지만 '고객님은 소중한 고객으로……' 하고 말해도 상대는 잘 믿으려고 하지 않는다. 그럼 어떻게 하면 될까?

예를 들어 상품의 납기일 지연으로 클레임이 들어왔다고 하자.

"어떻게 할 겁니까! 하루라도 늦으면 안 된다고 그렇게 말했잖아요!"

"솔직히 저도 놀랐습니다…… 저희 데이터베이스에도…… 으음…… 여기에 ○○○ 님께 납품할 때는 일반 고객보다도 우선해서 엄중하게 납품 확인을 하도록 기재되어 있습니다. 분명 ○○○ 님이 저희에게 얼마나 소중한 고객인지 모르는 새 담당자가 데이터베이스의 정보를 혼동해 다른 쪽에 먼저 납품을 해버린 것 같습니다."

"어떻게 할 거예요? 당신들 때문에 우리가 신용을 잃을 판이라고요."

"네. 워낙 확실한 분이시라 거래처의 신용도 높을 텐데, 저희쪽 실수로 문제가 생기면 큰일이죠. 당장 확인하도록 하겠습니다."

"기다릴 수가 없다니까."

"다른 쪽 일을 중단시켜서라도 최우선으로 보내도록 하겠으니 제게 맡겨 주십시오. 저희 쪽 불찰을 용서해 주세요."

"하는 수 없군. 그럼 바로 부탁해요."

이 대화에서는 어떤 트릭이 사용되었을까? 이 대화에서는 '미디엄'을 응용하고 있다.

미디엄은 리딩으로 말하면 손금이나 타로와 같은 것이다. 콜드리더와 상담자 사이에 미디엄을 두는 것으로 콜드리더에 대한 상담자의 반발이나 저항을 회피할 수 있다. 만약 리딩이 틀려도 그것은 콜드리더가 틀린 것이 아니라 '미디엄의 해석'을 잘못했다는 식으로 가져갈 수 있기 때문이다.

'짐작 가는 거 없어요? 으~음, 이 카드의 의미를 잘못 읽은 것일지도 모르겠군……' 하는 식이다.

물론 클레임 대응에 타로나 손금을 사용할 수도 없고, 점이나 리딩을 할 수도 없다. 여기서는 '고객 데이터베이스'를 미디엄으로 사용했다.

고객의 소중함과 자존심 회복을 위해서 만약, '네. 다른 고객보다 우선해서 엄중히 납기일을 확인하라고 들었습니다.' 하고 말했다면 그것은 거짓말이 된다. 그러나 '~라고 데이터베이스에 기재되어 있다.'고 하면 그 진위의 책임은 당신이 아니라 데이터베이스에 있는 것이다. 물론 실제, 데이터베이스에 그런 기재가 없어도 상관없다.

반복해 말하지만, 감정적으로 클레임을 제기하는 고객에게 중요한 것은 '객관적인 사실'이 아니라 '본인의 자존심'이다. 데이터베이스에 정말로 그런 내용이 기재되어 있는지 아닌지는 감정적인 고객에게는 특별한 의미가 없다.

물론 냉정하게 클레임을 제기하는 고객에 대해서는 '저희쪽 실수로 큰 피해를 끼쳤습니다. 지금 바로 발송 준비를 하겠으니 모레까지는 확실히 배달될 겁니다.' 하고 사실적으로 대처해야 한다.

콜드리딩은 일대일 커뮤니케이션에서 이루어질 때가 많은데 그룹에도 활용할 수 있다.

프레젠테이션 같은, 처음 보는 여러 명을 상대로 자신을 어필하는 상황에서는 우선 당신의 이야기에 상대를 '끌어들이는 것'이 필요하다. 상담자를 리딩에 끌어들일 필요가 있는 것과 마찬가지다. 상담자를 '이 사람의 말은 나에게만 하는 말이다.' 하고 생각하게 만들면 끌어들일 수 있다.

일대일이 아닌 그룹의 경우에는 어쩔 수 없이 다른 사람의 일처럼 이야기를 듣게 될 수밖에 없다. '아무런 가치 없다.'는 태도로 이야기를 들으면 프레젠테이션의 흠잡기에만 신경이 쓰일지도 모른다.

따라서 프리젠테이션에서는 '내 시점에서 말하고 있다.' '내 경우는 어떨까?' 하고 느끼고 생각하게 만들어야 한다. 그런데 상대는 개인이 아닌 그룹이기 때문에 모든 사람에게 명중할 만한 이야기를 하기란 쉽지 않다. 처음 보는 사람들로 어떤 사람들인지 알 수 없기 때문이다.

이럴 때 2장에서 설명한 '이중성'이 효과를 발휘한다. 사람은 누구나 이중적인 면을 갖고 있다. 따라서 상반되는 양면 가운데 하나를 말하면 성공할 것이다.

"아마도 지금 상황에서 여러분은 거듭 정보 시스템화의 필요성을 통감할 때가 많을 겁니다. 그 반면, 고객과의 인간적인 만남이 희박해지는 것에서 오는 욕구불만 역시 중대한 문제라고 느끼고 있을 겁니다.”

이렇게 말하면 정보 시스템화를 장려하는 사람과 반대하는 사람 모두를 끌어들일 수 있다. ‘그러고 보니 어제도 전표 문자를 잘못 읽는 하찮은 실수로 야근을 해야 했다.’ 또는 ‘요즘에는 고객의 소리를 직접 들을 수 없어서 일에 보람을 느낄 수 없다.’ 하고 자신의 체험과 비교해 가면서 들을 수 있기 때문이다.

“요즘 세입자들은 건물에 IT설비가 되어 있지 않은 것만으로 관리회사의 서비스가 열악할 것이라고 판단하는 경우가 많은 것 같습니다.”

이런 식으로 말하면 IT설비 도입에 흥미를 갖고 있는 사람을 끌어들일 수는 있어도 그렇지 않은 사람에게는 소외당했다는 인상을 주게 된다. 따라서 다음과 같이 연결한다.

“……하지만 꼭 최신 설비를 도입한다고 해서 세입자가 느는 것은 아닙니다. 전통적인 구조가 사용하기 편하다는 세입자도 많습니다. 결국, 새로운 것이냐 아니냐 하는 것보다는 세입자를 정말로 만족시킬 수 있느냐 하는 것을 기준으로 생각해야 의미 있는 투자를 할 수 있다고 봅니다. 그래서 세입자가 어떤 설비에 만족을 느끼는지, 그에 대한 설문조사 결과 자료가 여기 있는데요……."

팔고 싶은 IT설비를 '세입자가 만족하는 설비'라는 줌 아웃한 표현으로 제시함으로써 IT추진파와 반대파 모두를 끌어들일 수 있다.

'하지만 그런 프레젠테이션은 애매한 인상을 주지 않을까?' 하고 생각한다면 당신은 2장에서 설명한 셀렉티브 메모리의 파워를 과소평가하는 것이다. 듣는 사람들은 당신의 프레젠테이션 전부를 있는 그대로 기억하지 않는다. 자신에게 명중한 부분만 기억하고, 그것이 당신의 프레젠테이션 전체의 인상이 된다.

전체적으로 얼마나 제대로 된 프레젠테이션을 하느냐가 아니라 어느 곳의 인상이 강하게 남느냐 하는 것이 중요하다.

그룹을 상대로 하는 프레젠테이션에서는 반드시 인간의 양면성을 표현해야 한다. 간단하지만 이렇게 양면성을 표현하면 그룹 전체를 효율적으로 끌어들일 수 있다.

8 | 타임 프레임을 이동시켜라 : 연애

콜드리딩은 리딩에서 실수를 했을 때도 그것을 명중으로 연결하는 테크닉을 갖고 있다. 여기서는 '타임 프레임(시간 틀)'을 이동시키는 기술을 소개한다. 예를 들어 다음과 같은 실수를 했다고 하자.

"최근 경제적인 문제를 안고 있죠?"
"아뇨. 지금은 전혀 문제 없는데요."

이 경우 타임 프레임을 과거로 이동시킨다.

"음, 이 (타로)카드를 현재 상황으로 해석했는데, 이미 문제는 일어났었군요. 당신은 그것을 극복했네요."
"맞아요. 작년에 거래처가 부도나는 바람에 정말 혼났는데, 애쓴 보람이 있어서 올해는 회복됐어요. 좋은 공부가 됐죠."

다시 말해 리딩 전체를 실수로 해 버리는 것이 아니라 시간적인 요소만을 '희생'하는 것이다. 그 경우 '미디엄'을 사용한다. 카드가 틀린 것이 아니라 '해석'이 틀린 것이다. 그러나 과거에도 명중할 요소가 없는 다음과 같은 경우에는 어떻게 해야 할까?

“최근 경제적인 문제를 안고 있죠?”

“아뇨, 고맙게도 돈 때문에 고민한 적은 태어나 지금까지 한 번도 없었어요. 집이 경제적으로 여유가 있기도 했지만 하는 일도 늘 잘 됐어요.”

경제적인 문제가 ‘전혀’ 없다고 단언하는 사람은 드물지만, 그런 사람이 절대로 없다고는 말할 수 없다. 이런 경우에는 타임 프레임을 미래로 이동시킨다.

“이 카드를 현재의 일로 해석했는데, 아직 문제는 일어나지 않았군요. 앞으로 돈 문제로 인생 공부할 기회가 찾아올 겁니다.”

물론 이것은 실질적으로는 서틀 프리딕션을 구성하고 있다. 몇 개월 후에라도 인생 최초의 ‘금전 문제’에 휘말린다면 이 상담자는 리더의 예언을 떠올릴 테고 그 시점에서 명중한 것이 된다.

이 타임 프레임을 이동시키는 테크닉은 연애에도 활용할 수 있다. 상대를 속이려 하는 것은 아니지만 거짓말도 일시적인 방편이 될 때가 있다. ‘나는 거짓말 같은 거 하지 않는 타입이다.’ 하고 말하면서 아무렇지도 않게 사람에게 상처를 주는 사람도 있다. 상대를 배려하는 차원에서의 거짓말, 분위기를 맞추기 위한 거짓말, 상대를 기분 좋게 하는 거짓말. 그런 긍정적인 거짓말을 적절히 사용하면 인간관계나 연애에서 삐걱거리는 일은 없다.

최근 일이 너무 바빠서 애인의 생일이 다음 주로 다가온 것을 깜빡 잊었다고 하자. 당신은 일이 바빠서 다음 주에는 만나지 못할 것 같다고 말해 버렸다. 그러자 그녀는 갑자기 짜증스러운 어투가 되었다.

타임 프레임을 미래로 이동시킨 것인데, 이 말의 속뜻은 무엇일까? 그녀는 어떻게 이 말을 받아들였을까?

'만나지 못한다고 해 놓고, 깜짝 이벤트로 나를 놀려주려고 계획한 게 아닐까?' 하고 느낄 것이다.

그런 것에 속지 않을 거라 생각할 텐데, '사실은 놀래 주려고 했었어.' 하고 직접적으로 말하면 거짓말처럼 들린다. 그녀도 의심할 것이다. 하지만 '함축' 된 말로 상대의 공상을 자극하기 때문에 그녀는 의심 없이 받아들이게 되고 만다.

콜드리딩의 원리를 떠올려보자. 그녀는 애인이 자신의 생일보다 일이 먼저라고 생각하고 싶지 않다. 당신이 사실은 어떤 이벤트를 준비했다고 믿고 싶다. 그런 심리에 당신의 말이 합치하기 때문에 이 '함축' 된 말은 효력을 발휘한다.

이렇게 대답하면 된다. 이런 테크닉은 불성실하다고 생각할 수도 있다. 차라리 ‘깜빡했어, 미안해.’ 하고 말하는 편이 낫다고 생각하는 사람도 있을 것이다. 물론 그렇게 말하면 마음은 편할지 모르지만 그러나 그녀는 크게 상처 입을 것이다.

일이 바빠서 소중한 사람의 생일을 잊어버리는 경우는 있다. 사람이니까 그럴 수도 있을 것이다. 그녀 역시 잘 알고 있다. 중요한 것은 생일을 잊어버렸다거나 잊지 않았다는 ‘사실’이 아니라 당신이 그녀를 배려하는 마음이다. 그녀는 정말로 당신의 배려를 바란다.

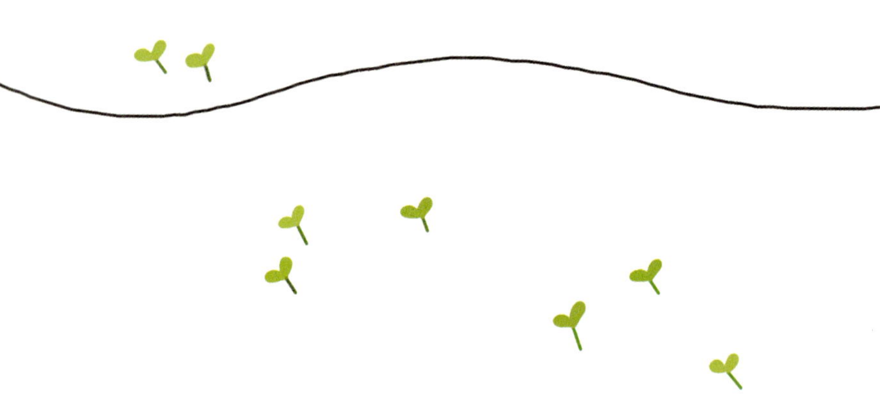

다음은 처음 만난 사람과의 대화 샘플이다.

"어떤 일을 하세요?"

"간호사예요."

"간호사세요? 이건 그냥 제 생각인데요, 간호사는 집에서 애완동물을 키울 것 같은데……."

"하하하. 왜요? 외로울 것 같아서요?"

"하하하. 그런 건 아니고…… 키우는 동물이 있나요?"

"네, 개를 키우고 있어요. 토이푸들."

"그래요? 토이푸들의 어떤 점이 좋은데요?"

"으~음, 딱 봤을 때 장난감처럼 귀엽고 활달하잖아요."

흔한 대화를 하면서 사실은 상대의 정보를 모으고 있다. '토이푸들을 키우고 있다.'는 정보는 크게 중요하지 않다. '왜 토이푸들이 좋은가?'를 알아내는 것이 중요하다.

인간은 누구나 '남에게 이렇게 보이고 싶다.' 하고 바라는 부분이 있다. 그렇다고 해서 '나를 지적인 사람으로 생각해주세요.' 하고 말할 수는 없다. 하지만 마음속에는 늘 그런 생각을 하고 있다.

그 사람 마음속에 있는 '남에게 이렇게 보이고 싶다.' 하는 바람이 사실은 '그 동물을 좋아하는 이유'와 겹쳐지면서 드러나기 쉽다. 이것은 콜드리더에게는 잘 알려진 수법이다. 상대가 애완동물을 키우지 않는다면 '키운다면 어떤 것을 키우고 싶으세요?' 하고 물은 후 그 이유를 이끌어내면 된다. 이 대화는 상담자의 '남한테 장난감처럼 귀엽고, 활달하게 보이고 싶다.'는 바람을 담고 있다.

하지만 그 자리에서 바로 '당신도 귀엽고 활달해요.' 하고 말하면 안 된다. 애완동물 이야기를 상대가 완전히 잊어버렸을 즈음, 예를 들면 집에 돌아갈 때 다음과 같이 말한다.

"오늘 만나서 정말 반가웠어요. ○○ 씨, 성격이 워낙 밝아서 이야기를 하다보니까 제 기분까지 좋아졌어요. 얼굴도 인형처럼 귀여워서 사람들한테 사랑을 많이 받겠어요."

'장난감처럼 귀엽다' '밝다'는 말을 그대로 하지 말고 다른 동의어로 바꿔야 한다. '남한테 이렇게 보이고 싶다.'는 자신이 생각하는 대로 평가를 받으면 기분도 좋을 테고, 당연히 당신에 대해서도 쉽게 마음을 열게 된다.

이에 관련한 기법을 하나 더 소개하려고 한다. 앞의 대화가 계속 이어지는 상황이라고 하자.

"네, 개를 키우고 있어요. 토이푸들."

"그래요? 토이푸들의 어떤 점이 좋은데요?"

"으~음, 딱 봤을 때 장난감처럼 귀엽고 활달하잖아요."

"그렇구나. 그런데 만약 토이푸들 말고 다른 애완동물을 키운다면 어떤 것을 키우고 싶으세요?"

"글쎄요…… 이구아나나 다른 파충류도 괜찮을 것 같은데요."

"와, 조금 의외인데요? 어떤 점이 좋은데요?"

"약간 위험하단 느낌이 괜찮을 것 같아요."

두 번째로 좋아하는 애완동물에는 그 사람이 '파트너에게 요구하는 것'이 담겨 있다. 따라서 이 경우에는 간호사가 이상적이라 생각하는 애인은 '착하고 상냥한 남성'보다는 '약간 불량끼가 있는 위험한 남성'일 가능성이 높다.

1인칭은 '나'이고, 2인칭은 '너'이다. 마찬가지로 첫 번째 애완동물에게 바라는 것이 '나'의 이미지이고 두 번째 애완동물에게서 바라는 것은 '파트너'의 이미지이다.

어떤 여성은 '가정적이네요.' 하고 말하면 좋아할 수도 있지만, '자립적'이라고 인정받고 싶은 여성에게 '가정적이네요.' 하고 말하면 기분 나빠할지도 모른다.

상대가 칭찬받고 싶어하는 것을 칭찬해 주어야만 비로소 칭찬한 것

이 된다. 그 사람이 어떻게 인정받고 싶은지를 이끌어낼 수 있다면 처
음 만나는 사람일지라도 마음을 열게 할 수 있다.

콜드리딩 세계에서 우편을 통한 리딩은 오래 전부터 이루어졌다. 생년월일이나 사진을 보내면 그것을 바탕으로 한 리딩 결과를 우편으로 보내주는 식이다.

지금은 우편 대신 인터넷을 통한 서비스가 주류를 이루고 있는데, 어느 쪽이든 이러한 리딩은 오래 전부터 있었다. 최근에는 인터넷의 보급과 확산으로 메일은 없어서는 안 되는 생활의 일부가 되고 있는데, 이 메일에서도 콜드리딩의 노하우를 활용할 수 있다.

메일의 경우에는 셔틀 퀘스천처럼 상대의 반응을 보면서 리딩의 깊이를 더해가는 것이 불가능하다. 또 셔틀 네거티브와 같이 표정이나 목소리 톤을 이용할 수도 없다. 따라서 스톡 스필을 중심으로 사용하게 된다. 지금까지 이야기해 온 스톡 스필의 테크닉을 그대로 메일에 활용할 수 있다.

여기서는 메일만으로 상대의 타입을 알아맞히는 방법에 대해서 설명한다.

메일로 타입을 분간하는 방법

용건만 짧게 메일을 쓰는 사람은 Me타입이다. 조금 긴 메일의 경우도

중요한 포인트가 메일의 맨 앞에 나온다. 다음과 같은 예는 Me타입의
메일이다.

> "안녕하세요. 이달 안에 미팅을 가지려 하는데, 편한 날을
> 알려주십시오. 바쁘실 텐데 죄송합니다. 부탁합니다."

한편 We타입의 메일은 갑자기 용건부터 시작하거나 하진 않는다.
이런저런 이야기를 한 뒤 마지막에 중요한 용건, 즉 이 메일의 목적을
쓴다.

> "안녕하세요. 지난달에는 귀중한 의견, 정말 감사합니다!
> 저희들 모두 기뻐했어요. 그 후 다 같이 이야기를 하면서 매우
> 흥분해……(중략)……. 그런데 이달 중
> 에 마지막 미팅을 가지려고 하는데, 편
> 한 시간이 언제인지 알려주세요."

We타입은 남의 말에 쉽게 상처 입는다.
따라서 남에게 메일을 쓸 때도 오해받지 않
도록 신중해진다. 그러다보니 문장이 길어
진다. 화면을 스크롤해야 겨우 용건을 알 수
있는 메일은 We타입이다.

또 다양한 이모티콘을 쓰면서 '나는 호의적이다.' 하는 뉘앙스를 전하려 한다. We타입은 다른 사람의 감정을 상하게 하는 것에 매우 민감하다.

한편 Me타입은, We타입보다는 말로 쉽게 상처 입지 않고, 다른 사람의 메일을 읽을 때도 자신이 적당히 내용을 보충해서 이해하기 때문에 상대에게 메일을 쓸 때도 필요한 말만 한다. Me타입은 메일을 단순히 '정보'를 전달하는 도구로 사용한다.

개인적인 메일에도 이모티콘을 쓰는 일은 거의 없다. 그래서 차가운 인상을 주기도 한다. 정보로 오해받지 않아도 '이 사람, 화났나?' 하는 인상을 주는 경우가 적지 않다.

타입에 맞는 메일 쓰기

타입을 나눌 수 있으면 상대의 타입에 맞는 메일을 쓰면 된다.

상대가 We타입이면 되도록 이런저런 이야기를 하면서 끌다가 용건은 마지막에 쓴다. 그렇게 하면 마음이 담긴 메일이라고 생각한다. 이모티콘을 사용하거나 '두근두근' '멋지다' '설렌다' 하는 감정

을 표현하는 단어를 나열해 보는 것도 좋은 방법이다.

상대가 Me타입이라면 용건만 간단히 쓴다. 만약 당신이 We타입으로 긴 메일을 쓰는 것이 옳다고 생각해도 Me타입으로서는, 극단적으로 말해 '내 시간을 잡담으로 낭비하는 거야?' 하는 부정적인 인상을 줄 수도 있다.

그리고 문장 중에 각 타입에 대응한 스톡 스필 문구를 넣는 것으로 '나를 이해하고 있구나.' 하고 느끼게 하는 메일을 쓸 수 있다.

사람을 행복하게 만드는 거짓말, 콜드리딩

있는 그대로의 사실을 말하기란 쉽다. 그러나 상대를 배려하는 거짓말은 애정과 이해와 테크닉이 없이는 할 수 없다. 그래서 나는 사람에게 상처를 주는 진실보다는 사람을 행복하게 만드는 거짓말이 가치가 있다고 생각한다.

우리는 이 세상의 참모습을 알지 못한다. 자신이 지금 살아 있다고 말할 수 있는지조차도 알 수 없다. 모든 것이 다 거짓일지도 모른다. 어쩌면 세상은 거짓으로만 이루어졌을지도 모른다. 사람은 어떤 거짓말을 믿는가에 따라서 서로 사랑하기도 하고 서로 증오하기도 한다.

아마도 세상은 거짓말로 이루어져 있는 것 같다. 그래서 남을 배려하는 마음에서 나온 거짓말만이 '진실'로 바뀐다. 그것만이 우리에게 주어진 '진실'일지 모른다.

당신은 이 책을 어떤 느낌으로 읽었을까? 어떻게 이해했을까?

이 책에서 소개한 것은 콜드리딩의 테크닉 가운데 극히 일부분에 불과하다. 여기서 미처 소개하지 못한 테크닉이 아직 많이 있을 뿐만 아니라 사람을 속이기 위해 사용되는 경우도 있다. 그러나 이 책에서는 건전한 커뮤니케이션에 응용할 수 있는 알기 쉬운 테크닉에 한정해 소개했다.

콜드리딩과 잠재의식을 활용한 커뮤니케이션에 흥미를 갖고 있는 사람은 아래의 나의 개인 사이트http://sublimination.net에 접속하면 다양한 정보를 얻을 수 있다.

아래 목록에는 일반인이 구하기 어려운 비공개 자료도 포함되어 있다.

- George B. Anderson, 〈Dynamite Mentalism〉

- Anonymous, 〈TRADECRAFT—The Art and Science of Cold Reading〉

- Banachek, 〈Psychological Subtleties〉

- Corinda, 〈13 Steps to Mentalism〉

- Fred Crouter, 〈The Inner Secrets of Cold Reading Monograph#1〉

- Fred Crouter, 〈The Inner Secrets of Cold Reading Monograph#2〉

- Fred Crouter, 〈Advanced Psychic Readings〉

- Ben Cummings, 〈The Conversations with Mind Readers〉 (audio)

- Herb Dewey and Thomas K. Saville, 〈Red Hot Cold Reading〉

- Herb Dewey, 〈Mindblowing Psychic Readings〉

- Herb Dewey, 〈Psycho—Babble〉

- Lee Earl, 〈The Gentle Art of Cold Reading〉

- Hal Falcon, 〈How to Analyze Handwriting〉

- Brad Henderson, 〈The Dance〉

- Rudy Hunter, 〈Rudy Hunter's First Tape〉(audio)

- Ray Hyman, 〈Cold Reading : How to Convince Strangers That You Know All About Them〉

- Jas Jakutsch, 〈Completely Mental 1—3〉

- Bascom Jones, 〈King of the Cold Readers〉

- Bascom Jones, 〈The Compleat Magick I—IV〉

- John G. Kappas, 〈Relationship Strategies—The E&P〉

- John G. Kappas, 〈Professional Hypnotism Manual〉

- Kenton Knepper and J. Tank, 〈Completely Cold〉

- Kenton Knepper and Rex Steven Sikes, 〈Wonder Reading〉 (audio)

- Kenton Knepper, 〈Wonder Words〉 (audio)

- Ford Kross, 〈Out of the Deep Freeze〉

- Ford Kross, 〈From the Back of the Deep Freeze〉

- Ford Kross, 〈Suggestive Mentalism—an introduction〉

- Ford Kross, 〈Suggestive Mentalism—a continuation〉

- Ford Kross, 〈It Ain't Body Building〉

- Ford Kross, 〈Kross on Psi Parties〉

- Ford Kross, 〈Kross and Dewey〉 (audio)

- Ford Kross, 〈Kross on Cold Reading〉 (audio)

- William W. Larsen. Jr., 〈The Mental Mysteries and Other Writings of William W. Larsen, Sr.〉

- Al Mann, 〈High Domain〉

- Ron Martin, 〈The Tarot Reader' s Notebook〉

- Andrea McNichol, 〈Handwriting Analysis—Putting It to Work of You〉

- Robert A. Nelson, 〈The Art of Cold Reading〉

- Robert A. Nelson, 〈A Sequel to the Art of Cold Reading〉

- John Riggs, 〈Fat- Free Mentalism〉

- John Riggs, 〈Heavy Mental〉

- John Riggs, 〈The Comleat Fortune Teller〉

- John Riggs, 〈The Even Compleater Fortune Teller〉

- John Riggs, 〈The Messiah Process〉

- John Riggs, 〈The Psychic Agenda〉

- Ian Rowland, 〈The Full Facts Book of Cold Reading〉

- Myriam Ruthchild, 〈Psyhotechnics : Advanced Psychic Methods〉

- Gail Sheehy, 〈Passage〉

- Angelo Stagnaro, 〈Something from Nothing〉

- Alexander Thomas, 〈Initiations—a Viewpoint on the Art of Cold Reading〉

- Richard Webster, 〈Quick and Effective Cold Reading〉

- Richard Webster, 〈Cold Reading Variations〉

- Richard Webster, 〈How to Build up a Psychic Practice with Full Length Cold Readings〉

- Richard Webster, 〈Psychometory From A to Z〉

- Richard Webster, 〈Commercial Cold Reading〉 (audio)

- Richard Webster, 〈Further Commercial Cold Reading〉 (sudio)

- Richard Webster, 〈 Mastering Cold Reading〉 (audio)

- Richard Webster, 〈Cold Reading for Profit〉 (audio)

- Richard Webster, 〈Techniques for Psychics〉 (video)

이시이 히로유키石井裕之

1963년 도쿄에서 태어났다. 심리 테라피스트, 최면요법가로 최면요법과 카운슬링 경험을 바탕으로 한 독자적인 세미나를 개최하고 있다. 인간관계, 비즈니스, 연애, 교육 등 커뮤니케이션에 활용할 수 있고 누구나 손쉽게 실천할 수 있는 잠재의식 테크닉을 일반에게 공개한다. '직원의 사기와 영업력, 커뮤니케이션 기술 향상을 위한 참신한 노하우'로 기업에서 높은 평가를 받고 있다.

아사히TV를 비롯해 많은 텔레비전 프로그램에 심리 테라피스트로서 출연중이다.

현재, 일상 커뮤니케이션에 최면의 노하우를 활용하기 위한 기법을 전수하는 오피 어소시에이츠 대표로 활동하고 있다.

저서에 『마음을 움직이는 최면 커뮤니케이션』『여성 대 여성, 그 심층심리』『강한 리더는 팀의 무의식을 움직인다』 등이 있다.

현재 저자는 콜드리딩 마스터 강좌인 '이시이 도장道場'을 통해 콜드리딩의 진수라 할 수 있는 실용적인 테크닉을 사람들에게 가르치고 있다. '이시이 도장'은 이 책의 원서를 출판한 일본의 포레스트 출판사가 개최하는 강좌로, 고액의 수강료에도 불구하고 이미 6개월 치의 예약이 다 찼을 만큼 늘 높은 인기를 누리고 있다. 이 책 역시 일본에서 출간 이후 10만 부를 돌파하고 드라마의 소재로 차용되며 폭발적인 인기를 얻었다.

　대학에서 영어학을 전공한 후 컴퓨터 회사에서 샐러리맨 생활을 한 그는 재직중 방문한 미국과 캐나다에서 최면요법에 대해 알게 되었다. 그리고 그 놀라운 힘과 매력에 빠져 독학으로 공부를 시작했고, 귀국 후 민간 최면요법소에서 임상경험을 쌓았다. 내로라하는 대학에서 심리학을 전공한 것도, 유학으로 학위를 딴 것도 아닌 그가 일본에서 엄청난 유명세를 떨치고 있는 것은 바로 그의 '인간미' 때문일 것이다.